PC konkret
WLAN einrichten und absichern

STIFTUNG WARENTEST

D1618991

Jörg Schieb
Mirko Müller

© 2006 by
STIFTUNG WARENTEST, Berlin
1. Auflage

STIFTUNG WARENTEST
ISBN 10: 3-937880-52-6
ISBN 13: 978-3-937880-52-5

Liebe Leserin, lieber Leser.

WLAN gehört heute zur Standardausstattung; nicht zuletzt, weil die meisten Internetprovider ihren Kunden kostenlos WLAN-Stationen zur Verfügung stellen. So können Computerbenutzer bequem und komfortabel online gehen, ohne den PC oder das Notebook mit einem Netzwerkkabel verbinden zu müssen – vor allem bei Notebooks ein unschätzbarer Vorteil.

Nicht nur zu Hause, auch unterwegs kann man die Vorzüge von Funknetzwerken nutzen, wenn man ein WLAN-fähiges Notebook oder Handy dabeihat. Bei manchen Hotspot-Anbietern muss man dafür Gebühren zahlen, andere stellen Internet per Funk sogar gratis zur Verfügung. Wir zeigen, wie Sie Hotspots ausfindig machen, sich richtig anmelden und was beim öffentlichen Surfen zu beachten ist.

Wer zu Hause oder im Büro ein WLAN einrichtet, macht sich auch angreifbar. Denn jeder, der sich in Funkreichweite des WLAN-Routers aufhält, kann sich theoretisch in das Netzwerk einklinken. Ist das erst mal passiert, kann der Angreifer die auf den Festplatten im Heimnetzwerk gespeicherten Daten einsehen und sogar manipulieren. Hacker brechen gerne in unzureichend geschützte WLAN-Netze ein, um auf Kosten anderer zu surfen oder kriminelle Handlungen zu verschleiern. Sie müssen nur ihr Auto vor einer Wohnung parken, in der es ein ungeschütztes WLAN gibt. Den „Einbruch" bemerkt niemand.

Deshalb ist es ausgesprochen wichtig, das eigene WLAN zu schützen. Die WLAN-Basisstation muss so konfiguriert werden, dass sich Fremde nicht einklinken können. Außerdem sollten die über das drahtlose Netzwerk verschickten Daten verschlüsselt werden, um Abhörattacken abzuwehren. Wer die nötigen Einstellungen in WLAN-Basisstation und Rechner vornimmt, kann sein WLAN und vor allem die eigenen Daten schützen.

Dieses Buch zeigt, wie ein WLAN überhaupt funktioniert, welche Distanzen sich mit dem drahtlosen Netzwerk überbrücken lassen und wie es richtig konfiguriert wird. Jeder kann sein WLAN wirkungsvoll absichern.

Inhalt

Kapitel 1

WLAN einrichten und absichern

Drahtlos surfen: WLAN

Drahtlos surfen: WLAN

So ein WLAN ist eine feine Sache: keine Kabel verlegen, keine Strippen ziehen. Einfach den PC oder das Notebook einschalten und kabellos im Internet surfen oder Daten durch das Netz jagen.

Aber was bedeutet überhaupt WLAN? Die Abkürzung steht für „**W**ireless **L**ocal **A**rea **N**etwork", also ein kabelloses, örtlich begrenztes Funknetzwerk.

Hört sich einfach an – ist es auch! Das Einrichten eines kabellosen WLANs ist schnell erledigt. Dabei gilt es aber einige Stolperfallen zu umgehen. Das fängt bereits beim Kauf der richtigen WLAN-Komponenten an. Aber auch beim Aufstellen und Einrichten gibt es wichtige Aspekte zu beachten, damit das Surfen ohne Kabel reibungslos funktioniert – und vor allem: damit keiner Ihr Funknetz belauscht.

Ins Netz ohne Kabel: Warum WLANs so praktisch sind

Wireless LAN, kurz WLAN, macht das Surfen im Internet oder den Datenaustausch zwischen mehreren PCs zum Vergnügen. Überall dort, wo Mobilität und Flexibilität gefordert sind, sind WLAN-Netzwerke das Mittel der Wahl für den Zugang ins Internet. Ob im Garten, im Hobbykeller oder auf dem Dachboden: Wo das Verlegen von Kabeln nicht möglich oder zu aufwendig ist, stellen Drahtlosnetzwerke die Verbindung zur Verfügung. WLAN sorgt so für ein Überall-Surfvergnügen.

So macht WLAN richtig Spaß

Im Internet surfen, Onlineradio hören oder E-Mails verschicken: Mit einem WLAN-PC können Sie alles anstellen, was mit einem kabelgebundenen Netzwerk-PC auch möglich ist. Für den PC ist es im Grunde egal, ob er mit einem Kabel oder per Funk mit dem Netzwerk verbunden ist. Doch ein WLAN kann noch mehr. Einige Hersteller bieten Produkte an, die erst in Kombination mit einem Funknetz einen ganz besonderen Komfort bieten. So lassen sich mit einigen Digitalkameras wie der Nikon Coolpix P2 (www.nikon.de) und der Kodak EasyShare One (www.kodak.de) Fotos per WLAN direkt auf den Rechner oder ins Internet senden. Damit schicken Sie Ihre Urlaubsfotos weltweit direkt vom Urlaubsort per E-Mail nach Hause oder zu Daheimgebliebenen. Ein Hotspot mit WLAN-Internetzugang genügt.

Auch im heimischen Wohnzimmer sorgen spezielle WLAN-Geräte für drahtlosen Multimediagenuss. Die Audioplayer Noxon 2 audio und Noxon iRadio von Terratec (www.terratec.de) ermöglichen Internetradio auch ohne PC. Das Prinzip ist einfach: Die kleine Noxon-Box verbindet sich per WLAN mit dem Internet und überträgt die Internetradiosender direkt an die kleine Box und die angeschlossenen Lautsprecher – überall dort, wo WLAN verfügbar ist.

Praktisch sind auch WLAN-Telefone wie das Zyxel ePhone 2000W (www.zyxel.de) und das UTStarcom F1000G (www.utstarcom.com). Die sehen aus wie Handys, dahinter stecken aber Internettelefone mit WLAN-Anschluss. Damit telefonieren Sie drahtlos und ohne PC kostengünstig über das Internet.

Mit WLAN-fähigen Digitalkameras wie der Kodak EasyShare One verschicken Sie Schnappschüsse weltweit per Hotspot direkt via E-Mail.

WLAN-fähige Internetradios bieten Zugriff auf Tausende Internetradiostationen weltweit. Das funktioniert sogar mit älterer WLAN-Technik mit üblichen Übertragungsgeschwindigkeiten von „nur" elf Megabit pro Sekunde.

Die Vorteile kabelloser Netzwerke

Keine Frage, gegenüber verkabelten Netzwerken bietet die kabellose Variante praktische Vorteile:

- **Geringerer Installationsaufwand**
  Für ein WLAN müssen Sie keine Netzwerkkabel verlegen – oft eine mühsame Angelegenheit, insbesondere, wenn es durch Wände gehen soll. Stromkabel zur Versorgung der Geräte werden allerdings weiterhin benötigt.

- **Niedrigere Installationskosten**

  Mit WLAN bleiben Ihnen die Kosten für Netzwerkkabel und Installationskosten für das Verlegen erspart.

- **Weniger Kabelsalat**

  Störende Netzwerkkabel quer durch den Raum, unter Teppichen oder Fußleisten gehören mit WLAN der Vergangenheit an.

- **Mehr Bewegungsfreiheit**

  Im Funknetz spielt es keine Rolle, wo sich der PC oder das Notebook befindet. Ob im Wohnzimmer, im Keller oder sogar im Garten: WLAN bringt das Netzwerk dahin, wo Sie es gerade brauchen.

- **Internetzugang mittels Hotspots**

  Auch unterwegs ist drahtloses Surfen möglich. Zahlreiche Hotels, Restaurants und Gaststätten stellen öffentliche WLAN-Netze – auch Hotspots genannt – zur Verfügung. Wie Sie Hotspots nutzen, erfahren Sie im Abschnitt *Mit Hotspots unterwegs online sein* (→ Seite 23).

Und die Kehrseite?

Jede Medaille hat zwei Seiten, so auch das kabellose Netz. Gegenüber kabelgebundenen Netzwerken müssen Sie bei WLAN-Netzwerken mit einigen Einbußen leben:

- **Geringere Geschwindigkeit**

  Funknetze sind wesentlich langsamer als kabelgebundene Netze. Auch wenn Hersteller Geschwindigkeiten von bis zu 54 MBit pro Sekunde und mehr versprechen, liegen die tatsächlichen Werte weit darunter. Oft reicht es dann nur noch zum Surfen im Internet, nicht aber zum flotten Downloaden oder Übertragen von Videofilmen über das WLAN.

- **Nach ein paar Metern kann schon Schluss sein**

  Hersteller von WLAN-Komponenten versprechen gerne eine Reichweite von mehreren Hundert Metern. So weit die Theorie. Wenn dicke Wände oder Decken zwischen WLAN-Router und Computer stehen, schrumpft die tatsächliche Reichweite schnell auf wenige Meter. Im Kapitel *Mehr Tempo und Reichweite im WLAN* (→ Seite 96) erfahren Sie, mit welchen Tricks Sie Geschwindigkeit und Reichweite maximieren.

- **Hacker lauschen mit**

  Funknetze sind oft ein willkommenes Fressen für Hacker und andere Eindringlinge. Da die Daten nicht an der Wohnzimmerwand

---

Info

54 MBit sind nicht 54 MByte

Die Geschwindigkeitsangabe „54 MBit/Megabit pro Sekunde" hört sich flott an. Doch aufgepasst: MBit (Megabit) wird gerne mit MByte (Megabyte) verwechselt. Bit und Byte hören sich zwar ähnlich an, sind aber grundverschieden. Erst acht Bit ergeben ein Byte, erst acht Megabit ein Megabyte. Wenn ein Netzwerk also 54 MBit pro Sekunde übertragen kann, sind das „nur" 6,75 MByte pro Sekunde (54 geteilt durch 8).

haltmachen, können Hacker und Datenspione draußen auf der Straße den Datenverkehr abhören. Im Kapitel *Sicher ist sicher: Das WLAN abdichten* (→ Seite 52) erfahren Sie, wie Sie Ihr WLAN abhörsicher machen.

Das brauchen Sie für WLAN

Ein eigenes WLAN-Netzwerk aufzubauen, ist gar nicht so kompliziert, wie es auf den ersten Blick erscheint. Sie brauchen dazu nur zwei Geräte: einen WLAN-Router als Funkzentrale sowie WLAN-fähige Endgeräte wie Notebooks mit integrierter WLAN-Karte oder Erweiterungskarten.

Die WLAN-Zentrale
Die wichtigste Komponente im Funknetz ist der WLAN-Router. Er ist Funkstation und Vermittlungsknoten für alle Computer im Netzwerk. Zudem ist im Router auch gleich ein DSL-Modem integriert, das den Zugang zum Internet herstellt. Oft können Sie an WLAN-Router per Kabel weitere PCs und Netzwerkgeräte anschließen, beispielsweise einen direkt neben dem Router stehenden PC oder einen Netzwerkdrucker.

Wichtig: Auch wenn Sie mehrere Geräte per WLAN nutzen möchten, reicht ein einziger WLAN-Router aus. Ob Büro-PC, Notebook oder Pocket-PC: Alle WLAN-Geräte greifen auf denselben WLAN-Router

Herzstück eines WLAN-Netzwerks ist der WLAN-Router, der als Funkzentrale fungiert.

und kabellos oder per Kabel über den DSL-Anschluss auf das Internet zu, ganz nach dem Motto: einer für alle.

WLAN-Router gibt es im Fachhandel zu Preisen zwischen 100 und 160 Euro. Achten Sie beim Kauf eines Routers darauf, dass mindestens die WLAN-Standards 802.11b und 802.11g – oft auch nur „b" und „g" genannt – unterstützt werden. Damit ist gewährleistet, dass der Router mit praktisch allen verfügbaren WLAN-Geräten kommunizieren kann. Viele Provider geben Ihnen beim Abschluss eines neuen DSL-Vertrags einen WLAN-Router gratis oder gegen geringe Zuzahlung dazu.

Gute und ausgereifte Geräte sind beispielsweise die Modelle von AVM (AVM Fritz!Box WLAN – www.avm.de), Siemens (Siemens Gigaset WLAN – www.siemens.de) und T-Com (T-Sinus DSL – www.t-com.de).

Es gibt auch schon Geräte mit dem neuen, superschnellen N-Standard (802.11n) mit Geschwindigkeiten über 200 MBit pro Sekunde. Doch Vorsicht: Derzeit (Stand: September 2006) ist der N-Standard noch nicht endgültig freigegeben. Bei den angebotenen Geräten handelt es sich meist um „Draft-N"- oder „Pre-N"-Geräte, also um Vorabmodelle, bei denen noch nicht sicher ist, ob sie später mit den „echten" N-Modellen zusammenarbeiten. Die endgültige Verabschiedung des N-Standards erfolgt voraussichtlich erst Mitte 2007, erste Geräte zum offiziellen Standard sind Ende 2007 zu erwarten. Weitere Informationen zu Geschwindigkeitsstandards und dem neuen N-Standard finden Sie im Kapitel *Mehr Tempo und Reichweite im WLAN* (→ Seite 96).

Verstehen sie WLAN?

Damit es zwischen WLAN-Router und Computer funkt, braucht jedes WLAN-Gerät einen Funkempfänger.

Viele neue Notebooks sind bereits von Haus aus mit einer WLAN-Karte ausgestattet. Dazu gehören beispielsweise alle Notebooks mit dem Intel-Centrino-Logo. Hier ist die Funkkarte im Notebookgehäuse integriert.

Notebooks und PCs ohne WLAN-Fähigkeit lassen sich entsprechend aufrüsten. Die einfachste und eleganteste Lösung sind WLAN-Adapter mit USB-Anschluss für knapp 30 Euro. Einfach den WLAN-Adapter in einen freien USB-Port am PC

Klein und praktisch: WLAN-Adapter mit USB-Anschluss machen PCs und Notebooks WLAN-fähig.

oder Notebook stecken, und schon ist der Computer WLAN-fähig. Die kleinen Mini-USB-Adapter nehmen nur wenig Platz weg und eignen sich daher ideal für Notebooks. Wichtig: Für jeden WLAN-Computer im Netzwerk wird ein eigener Adapter benötigt.

DSL-Internetzugang

Wenn Sie auch drahtlos im Internet surfen möchten, brauchen Sie einen Internetzugang. Die meisten WLAN-Router nutzen den Zugang per DSL. WLAN-Router für ISDN- oder Modemzugänge sind im Handel kaum zu finden bzw. aufgrund der geringen Nachfrage wesentlich teurer als DSL-Router.

Das Funknetzwerk einrichten

Nach dem Kauf des WLAN-Routers und eines WLAN-Notebooks oder einer WLAN-Netzwerkkarte kann es gleich losgehen: Das Einrichten eines eigenen Funknetzes ist nicht kompliziert. Beim Aufstellen und Einrichten gilt es allerdings einige wichtige Punkte zu beachten.

WLAN-Router richtig aufstellen

Besonders wichtig für einen ungestörten Funkempfang ist der Standort für den WLAN-Router. Am einfachsten ist eine Positionierung in der Nähe des Telefonanschlusses, da sich dort zumeist auch der DSL-Splitter befindet.

In vielen Häusern befindet sich der Telefonanschluss jedoch im Erdgeschoss, während das Funknetz eine Etage darüber genutzt werden soll. Das ist zwar grundsätzlich möglich, allerdings müssen Sie dann mit Geschwindigkeitseinbußen rechnen. Eine Nutzung noch weiter entfernt – etwa im Garten, auf dem Balkon oder der Terrasse – ist dann mitunter kaum noch möglich.

So geht's:

Grundsätzlich gilt: Die Verbindung zum Router ist umso besser, je weniger Wände, Decken und andere Hindernisse zwischen Router und den Endgeräten liegen. Jedes Hindernis, durch das die Funkwellen erst hindurch müssen, verringert die Geschwindigkeit im Netz. Insbesondere sollten sich in unmittelbarer Nähe des Routers keine Metallgegenstände – dazu gehört auch das PC-Gehäuse – befinden, da Metallflächen für WLAN-Funkwellen wie Barrieren und Funkbremsen wirken.

Tipp

Wenn Sie Router und Adapter vom gleichen Hersteller benutzen, dann ist die Installation besonders einfach. Werfen Sie aber eventuell vorhandene WLAN-Adapter nicht weg. Letztendlich ist alles kompatibel, was zum gleichen Standard gehört.

Der WLAN-Router ist die zentrale Funkstation und sollte demnach auch an einer zentralen Position in der Wohnung oder im Haus aufgestellt sein. Je zentraler der Router steht, umso gleichmäßiger erfolgt die Verteilung in der Wohnung bzw. im Haus.

Die Idealsituation lässt sich leider nicht immer herstellen. Oft muss der Router dort platziert werden, wo sich der Telefonanschluss mit Splitter und ein freier Stromanschluss befinden. In den meisten Fällen reicht die WLAN-Versorgung trotzdem aus. Falls nicht, hilft ein Blick in das Kapitel *Mehr Tempo und Reichweite im WLAN* (→Seite 96). Eine weitere Alternative bietet das Verlegen eines langen Netzwerkkabels vom Splitter zum gewünschten Routerstandort, etwa dem Arbeitszimmer.

WLANs funken zwar auch durch Wände, bei mehr als ein bis zwei Wänden oder Decken ist aber meistens Schluss.

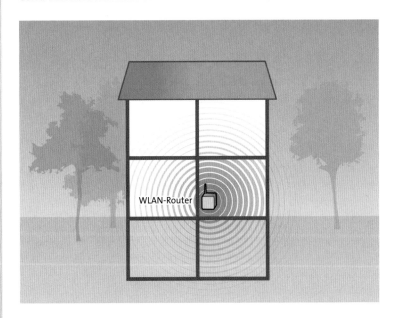

WLAN-Router

WLAN-Router anschließen
Sobald der richtige Standort für den WLAN-Router gefunden ist, geht es ans Anschließen. Alle wichtigen Anschlussbuchsen finden Sie hinten am Gerät.

So geht's:

Die meisten Router lassen sich auf die gleiche Weise anschließen:

1. Stellen Sie entsprechend der Bedienungsanleitung die Stromversorgung des WLAN-Routers her und schalten Sie ihn ein.

2. Damit der Router später eine Internetverbindung aufbauen kann, verbinden Sie ihn mit dem DSL-Splitter. Hierzu befinden sich an den meisten Geräten Buchsen mit der Bezeichnung „DSL" oder „WAN" („Wide Area Network"). Hier schließen Sie das DSL-Kabel an, das aus dem Splitter kommt.

Info

Installation per Assistent

Bei Routern der Firma AVM – zum Beispiel AVM Fritz!Box – ist die Installation besonders einfach. Hier legen Sie zu Beginn lediglich eine Installations-CD in den PC ein und ein Assistent führt Sie Schritt für Schritt durch die Installation – praktisch vom Auspacken bis zu den ersten Schritten im Internet. Verzichten Sie dabei aber auf die Installation der AVM-Routersoftware. Die Zusatzsoftware ist für den Netzwerkbetrieb nicht nötig und verursacht oft Probleme. Internet- und Netzwerkverbindungen funktionieren ohne Zusatzsoftware wesentlich reibungsloser.

3. Anschließend sollten Sie einen PC per Netzwerkkabel mit dem Router verbinden. Das ist notwendig, damit Sie über diesen PC später den Router konfigurieren und einrichten können. Bei den meisten Routern liegt hierzu ein entsprechendes Netzwerkkabel bei. Falls nicht, können Sie dieses Kabel für knapp 5 Euro im Fachhandel erwerben.

Viele Router bieten zusätzlich einen USB-Anschluss, ein USB-Kabel liegt dann meist bei. Damit können Sie auch ohne Netzwerkkabel einen PC mit dem Router verbinden. Meist eignet sich der USB-Anschluss aber ausschließlich zur Konfiguration des Routers und nicht für den normalen Netzwerkverkehr oder den Internetzugang.

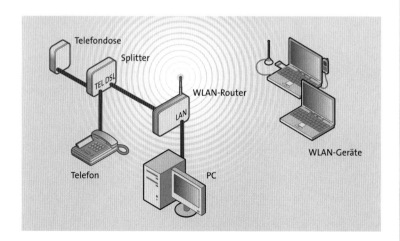

Der WLAN-Router wird an den DSL-Splitter angeschlossen und stellt allen angebundenen PCs die Internetverbindung zur Verfügung.

Tipp

Engpass an der Steckdose

PC, Drucker, Scanner, externe Festplatte, aktive Lautsprecher und jetzt auch noch ein WLAN-Router: Je mehr Geräte hinzukommen, umso enger wird es an der Stromsteckdose. Unser Tipp: Verwenden Sie eine abschaltbare Steckerleiste. Damit können Sie alle Geräte mit einem Schlag aus- und einschalten. Das spart Stromkosten, da viele Geräte auch im ausgeschalteten Zustand weiter Strom beziehen.

WLAN-Router einrichten

Mit dem Anschließen der DSL- und Netzwerkkabel ist es noch nicht getan. Im nächsten Schritt gilt es, die Zugangsdaten einzugeben und die ersten wichtigen Sicherheitseinstellungen vorzunehmen.

So geht's:

Sofern mindestens ein PC per Netzwerkkabel oder USB-Kabel mit dem Router verbunden ist, konfigurieren Sie diesen mit Hilfe eines Internetbrowsers.

1. Starten Sie den Internetbrowser und geben Sie als Adresse die IP-Adresse des Routers ein. In den meisten Fällen erreichen Sie den Router über die Adresse

    192.168.0.1

    oder

    192.168.2.0

    Falls Sie damit die Startseite nicht erreichen, schauen Sie im Handbuch des Routers nach, welche Adresse dieser zum Aufrufen des Servicemenüs verwendet. Die folgende Tabelle zeigt die Standardadressen, -benutzernamen und -kennwörter der bekanntesten Routerhersteller:

Hersteller	Adresse	Name	Kennwort
3com	http://192.168.1.1	Admin	admin
D-Link	http://192.168.0.1	Admin	*(leer)*
AVM	http://fritz.box	*(leer)*	*(leer)*
Linksys	http://192.168.1.1	Admin	admin
Netgear	http://192.168.0.1	Admin	password

2. Es erscheint die Konfigurationsoberfläche des Routers. Die sieht zwar aus wie eine Internetseite, ist es aber nicht. Die Seite kommt nicht aus dem Internet, sondern direkt vom Router.

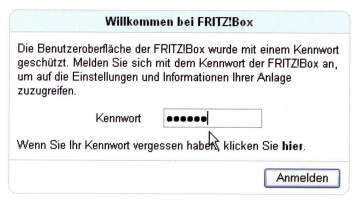

Üblicherweise ist der Router durch ein Passwort vor fremdem Zugriff geschützt. Geben Sie das Standardpasswort Ihres Routers ein. Wie es lautet, erfahren Sie im Handbuch des Routers. Viele Hersteller nutzen als Log-in-Namen gerne „admin" und verwenden zu Beginn ebenfalls „admin" als Kennwort oder setzen gar keines ein.

3. Zunächst sollten Sie das Standardkennwort ändern, um den Zugriff auf die Konfigurationsoberfläche zu schützen. Hierzu wechseln Sie in den Bereich *Einstellungen | System* und geben im Bereich *Kennwort* ein neues Kennwort ein. Zum Speichern klicken Sie auf *Aktualisieren* oder *OK*. Danach ist der Zugriff nur noch über das neue Kennwort möglich.

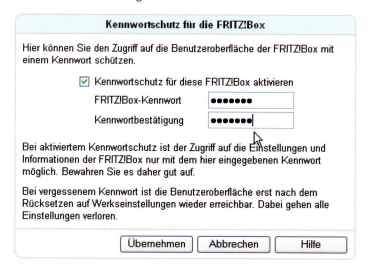

Info

Leider verwenden die Hersteller keine einheitliche Oberfläche für ihre Router. Es gibt keine Normen, sodass die folgenden Beschreibungen und Bezeichnungen je nach Routermodell anders lauten können. Die Grundparameter sind aber bei allen Geräten gleich. Die hier verwendeten Beispiele beziehen sich auf die weitverbreiteten Modelle Fritz!Box der Firma AVM.

4. Im nächsten Schritt müssen Sie dem Router die Zugangsdaten Ihres Internetanbieters mitteilen. Bei vielen Routern finden Sie hierzu den Bereich *Einstellungen | Internet | Zugangsdaten.* Markieren Sie hier die Verbindungsart *Internetzugang über DSL* und wählen Sie im Feld *Verbindungseinstellungen* den Provider aus, zum Beispiel T-Online oder Arcor. Geben Sie anschließend die Zugangsdaten wie *Benutzerkennung* und *Kennwort* ein, die Sie von Ihrem Internetanbieter erhalten haben. Bestätigen Sie die Eingabe mit *OK, Übernehmen* oder *Aktualisieren.*

Verbindungseinstellungen	
Wählen Sie Ihren Internetanbieter aus:	T-Online
Anschlusskennung	001234567890
T-Online Nummer	520016911111
Mitbenutzersuffix	0001
persönliches Kennwort	••••
Kennwortbestätigung	••••

Info

Eigene Zugangssoftware überflüssig

Viele Internetanbieter wie T-Online, Arcor und Tiscali stellen als Download oder CD-ROM eigene Software für den Zugang zum Internet zur Verfügung. Die ist beim Einsatz eines Routers überflüssig. Die Verbindung zum Internet wird für alle angeschlossenen PCs einzig und allein durch den Router übernommen. Auf zusätzliche Zugangssoftware sollten Sie daher verzichten.

Falls bei Ihrem Router die Auswahl eines bestimmten Providers nicht möglich ist, kann die Eingabe des Benutzernamens kompliziert werden.

Nutzer von T-Online erhalten zum Beispiel gleich drei Nummern: die Anschlusskennung, die T-Online-Nummer sowie die Mitbenutzerkennung. Hier müssen Sie alle drei Nummern hintereinander eingeben, gefolgt von der Zeichenfolge „@t-online.de". Lautet die Anschlusskennung beispielsweise „111111111111", die T-Online-Nummer „222222222222" und die Mitbenutzerkennung „0001", sieht der komplette Benutzername folgendermaßen aus:

111111111111222222222220001@t-online.de

Bei AOL verwenden Sie Ihren AOL-Hauptnamen, gefolgt von „@de.aol.com", zum Beispiel

Im Zweifelsfall fragen Sie beim Kundenservice Ihres Internetanbieters, wie der korrekte Benutzername für Ihren Internetzugang lautet.

5. Im nächsten Schritt müssen Sie Ihrem Funknetzwerk noch einen Namen geben. Bei den meisten WLAN-Routern finden Sie die Einstellungen im Bereich *Einstellungen | WLAN | Funkeinstellungen*. Im Feld *Funkkanal wählen* bestimmen Sie den Kanal, über den gefunkt werden soll. In Deutschland stehen die Kanäle 1 bis 13 zur Verfügung, meist kommt der Kanal 6 zum Einsatz. Befinden sich weitere Funknetzwerke in der Nachbarschaft, empfiehlt sich die Auswahl eines alternativen Kanals, zum Beispiel 9.

Funkeinstellungen

Hier können Sie die Einstellungen für das kabellose Funknetz (WLAN) vornehmen.

☑ WLAN aktivieren

Funkkanal auswählen — Kanal 9
Name des Funknetzes (SSID) — WLAN_MUELLER_M
☑ Name des Funknetzes (SSID) bekannt geben

Sendeleistung — 100 %
Modus — g + b
☐ 802.11g++ aktivieren
☐ WLAN-Stationen dürfen untereinander kommunizieren
☐ AVM Stick & Surf aktivieren

[Übernehmen] [Abbrechen] [Hilfe]

Im Feld *Name des Funknetzes (SSID)* geben Sie Ihrem Funknetz einen individuellen Namen. Ein eigener Name ist wichtig, wenn sich mehrere Netze in der Nachbarschaft befinden. Mit Hilfe des Namens erkennen Sie dann später bei der Einrichtung der WLAN-Endgeräte leichter Ihr eigenes Funknetz.

6. Im Auslieferungszustand ist es bei den meisten WLAN-Routern um die Sicherheit schlecht bestellt. Die Funknetze sind oft „offen wie ein Scheunentor" und lassen sich ohne großen Aufwand belauschen.

Daher sollten Sie den Router mit Bordmitteln absichern. Bei den meisten Routern finden Sie die Sicherheitseinstellungen im Bereich *Einstellungen | WLAN | Sicherheit*. Wählen Sie hier mindestes die *WEP-Verschlüsselung*, noch besser die wesentlich sicherere *WPA-Verschlüsselung*, und geben Sie einen beliebigen Netzwerkschlüssel ein. Merken oder notieren Sie sich den Netzwerkschlüssel, da Sie ihn später bei der Einrichtung der WLAN-Netzwerkgeräte benötigen.

Alle Geräte müssen die gleiche Verschlüsselungstechnik verstehen

Achten Sie darauf, dass die WLAN-Computer und -Karten, die Sie später für die Funkverbindung benutzen möchten, ebenfalls über die gewählte Verschlüsselungstechnik – entweder WEP oder WPA – verfügen. Wenn Sie beispielsweise WPA verwenden, sollte das WLAN-Notebook ebenfalls WPA verstehen. Wenn auch nur eines der Geräte lediglich WEP versteht, müssen Sie im gesamten Netzwerk die weniger sichere Variante WEP verwenden – in Sachen Verschlüsselung gilt praktisch der kleinste gemeinsame Nenner.

Der Netzwerkschlüssel ist das Kennwort, mit dem sich später die angebundenen WLAN-Computer authentifizieren müssen. Zudem verschlüsselt der Router mit dem Netzwerkschlüssel den kompletten Datenverkehr, sodass Hacker das Netzwerk nicht belauschen können.

Nach der Konfiguration ist der Router fertig eingerichtet und bereit für den ersten Einsatz. Sie können zunächst testen, ob Sie Ihre Zugangsdaten korrekt eingegeben haben. Wenn Sie mit dem PC, der per Netzwerkkabel an den Router angeschlossen ist, problemlos Internetseiten aufrufen können, ist alles in Ordnung. Im nächsten Schritt können Sie die WLAN-Geräte – etwa das Notebook – an das Funknetzwerk anschließen.

Noch sicherer

Das Aktivieren der Verschlüsselung ist nur eine erste, aber sehr wichtige Maßnahme, um das Funknetz nach außen abzudichten. Weitere wichtige Sicherheitsmaßnahmen sind Thema des Kapitels *Sicher ist sicher: Das WLAN abdichten* (→ Seite 52).

Ganz wichtig bei der Ersteinrichtung: die Aktivierung der Verschlüsselung, am besten WPA.

WLAN-Clients verbinden

Sobald der WLAN-Router eingerichtet ist, können Sie die Endgeräte (Clients) wie WLAN-Notebook oder PC mit WLAN-Netzwerkkarte in das Funknetz einbinden.

So geht's:

Alle Notebooks und PCs, die nicht über eine eingebaute Funklösung verfügen, lassen sich nachträglich aufrüsten. Sie brauchen hierzu eine WLAN-Netzwerkkarte oder noch besser einen WLAN-USB-Stick, zum Beispiel D-Link DWL-G122 (www.d-link.de) oder AVM Fritz!WLAN USB Stick (www.avm.de).

Die Installation eins USB-WLAN-Adapters ist einfach. Bei den meisten Geräten müssen Sie lediglich den USB-Stick in einen freien USB-Port stecken. Der Computer erkennt das neue Gerät bei Windows-Versionen ab Windows 98 automatisch und fordert Sie eventuell zum Einlegen der zugehörigen CD-ROM auf.

Sobald der WLAN-USB-Stick fertig installiert ist und vom Betriebssystem erkannt wurde, kann die Einbindung in das Funknetzwerk erfolgen:

1. Starten Sie Windows. Sofern alles korrekt installiert und der WLAN-Router in Reichweite ist, erscheint nach dem ersten Start eine Meldung, dass ein drahtloses Netzwerk gefunden wurde.

Info

Die eingebaute WLAN-Software von Windows reicht aus

Einige Anbieter richten bei der Installation des WLAN-Adapters eine eigene WLAN-Software für die Einbindung in das Funknetzwerk ein. Die Zusatzsoftware sieht auf den ersten Blick recht praktisch aus, ist bei Windows XP aber überflüssig. Oft führt die mitgelieferte Installationssoftware zu Verbindungsproblemen. Das Betriebssystem Windows XP ist serienmäßig mit einer sehr guten eigenen WLAN-Software ausgestattet. Die reicht zum drahtlosen Surfen vollkommen aus.

2. In der Taskleiste erscheint neben der Uhr ein kleines Symbol für die drahtlose Netzwerkverbindung. Klicken Sie mit der rechten (!) Maustaste auf dieses Symbol und wählen Sie den Befehl *Verfügbare Drahtlosnetzwerke anzeigen*.
3. Im folgenden Fenster listet Windows alle Funknetzwerke auf, die zurzeit empfangen werden. Das können auch mehrere Netzwerke sein, darunter etwa auch das Funknetz Ihres Nachbarn. Gerade in

größeren Städten und Ballungsräumen sind vier oder fünf sich überlagernde Funknetze keine Seltenheit.

In der Liste sollte auch Ihr eigenes Netzwerk aufgelistet sein, zu erkennen am fett gedruckten Netzwerknamen (SSID), den Sie zuvor bei der Einrichtung des WLAN-Routers gewählt haben. Falls Ihr Netzwerk dort nicht auftaucht, können Sie per Mausklick auf *Netzwerkliste aktualisieren* eine erneute Suche starten.

In der Liste der Drahtlosnetzwerke listet Windows alle verfügbaren Funknetze auf. Ein Mausklick auf *Verbinden* stellt die Funkverbindung her.

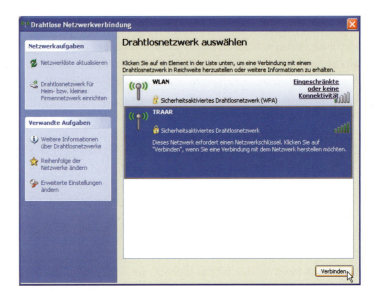

Um eine Verbindung mit Ihrem eigenen WLAN-Router herzustellen, markieren Sie das Funknetzwerk und klicken auf die Schaltfläche *Verbinden*.

4. Im folgenden Fenster fordert Windows Sie auf, den Netzwerkschlüssel einzugeben. Das ist das Kennwort, das Sie zuvor bei der Einrichtung des WLAN-Routers vergeben haben. Geben Sie das Kennwort zweimal ein und bestätigen Sie die Eingabe mit *Verbinden*.

5. Sofern das richtige Kennwort eingegeben wurde, stellt Windows die Funkverbindung zum WLAN-Router her. In der Liste der Drahtlosnetzwerke erscheint die Meldung *Verbindung hergestellt*. Die

grünen Balken zeigen die Signalstärke an. Je mehr grüne Balken sichtbar sind, umso besser ist die Verbindung zum WLAN-Router.

Ob die Verbindung reibungslos funktioniert, lässt sich leicht überprüfen: Starten Sie den Internetbrowser und öffnen Sie eine beliebige Webseite. Erscheint die Webseite, ist alles in Ordnung: Die Funkverbindung zum WLAN-Router steht. Im Abschnitt *Wenn's nicht funkt: Probleme aufspüren und lösen* (→Seite 30) finden Sie wichtige Hinweise, falls es bei der Funkverbindung zu Problemen kommen sollte.

Mit Hotspots unterwegs online sein

 Ursprünglich war WLAN lediglich auf den privaten Hausgebrauch oder auf kleine Unternehmen beschränkt. Diese Grenzen hat die Funktechnologie längst überschritten. Immer mehr Hotels, Gaststätten, Biergärten, Campingplätze, Einkaufszentren, Tankstellen und Buchhandlungen stellen öffentliche WLAN-Netzwerke (im Fachjargon „Hotspots", frei übersetzt „heiße Punkte") zur Verfügung. Oft zeigt ein Schild mit einem entsprechenden Logo, dass sich hier ein öffentlicher Hotspot befindet. Leider verwenden die verschiedenen Anbieter wie AOL (Hotspot Deutschland), Vodafone oder T-Online jeweils unterschiedliche Logos.

Der Service ist äußerst praktisch. Dank der fast überall verfügbaren Hotspots brauchen Sie nur noch ein Notebook mit WLAN-Adapter, um jederzeit und überall online zu sein, etwa im Hotel oder Restaurant. Modem oder Telefonkabel sind überflüssig.

Bezahlt wird über die Internetrechnung Ihres Providers, Voucher (vorausbezahlter Gutschein) oder Kreditkarte. Das Surfen über einen öffentlichen Hotspot kann aber teuer werden: Pro Stunde sind häufig zwischen 5 und 8 Euro fällig.

Hotspots finden

Das Netz der öffentlich zugänglichen Hotspots wird immer dichter. Über 10 000 Hotspots in mehr als 2 000 Städten gibt es bundesweit, Tendenz steigend.

Um einen Hotspot ausfindig zu machen, eignet sich am besten das Internet. Es empfiehlt sich daher, vor einer Reise nach Hotspot-Standorten zu recherchieren. Zahlreiche Anbieter pflegen Datenbanken mit den Standorten aller verfügbaren Hotspots, zumeist gefüttert mit Informationen zu Kosten und Abrechnungsmodalitäten.

Folgende Datenbanken eignen sich zum Auffinden eines Hotspots in der Nähe:

■ **Lycos Hotspot-Datenbank**
wlan.lycos.de (ohne „www.")
Die Datenbank von Lycos gehört zu den umfangreichsten Hot-

spot-Datenbanken. Zu jedem Hotspot gibt es ausführliche Informationen zum Standort, Provider, Netzwerknamen sowie zu den Kosten. Praktisch ist die Landkarte, die den genauen Standort der Hotspots zeigt. Zusätzlich erhalten Sie von Lycos die kostenlose Software WLAN Sniffer, die auch ohne Internetverbindung Hotspots in der Nähe aufspürt und per Mausklick eine Verbindung aufbaut.

- **Portel Hotspot-Finder**
  www.portel.de (Bereich *Hotspotfinder*)
  Die Hotspot-Datenbank von Portel listet in Zusammenarbeit mit dem Verband der Anbieter von Telekommunikations- und Mehrwertdiensten die Standorte von über 8 000 Hotspots in Deutschland.

- **T-Online Hotspot-Finder**
  wlan.t-online.de (ohne „www.")
  Der Internetanbieter T-Online zeigt auf der Hotspot-Seite eine Übersicht seiner eigenen Hotspot-Zugänge. Hotspots anderer Anbieter bleiben hier leider außen vor.

- **Hotspotfinder**
  www.hotspotfinder.de
  Beim Hotspotfinder, einem Dienst der YellowMap AG, genügt die Eingabe der Postleitzahl und Straße, um alle Hotspots in der Umgebung ausfindig zu machen. Für Großstädte steht eine praktische Schnellsuche zur Verfügung. Die Karte zeigt anschaulich, wo genau sich die Hotspots befinden.

- **Mobileaccess**
  www.mobileaccess.de
  Mobile pflegt eine umfassende Datenbank bundesweiter Hotspots. Die Bedienung ist allerdings umständlich. Um die Details zu Hotspots anzuzeigen, müssen Sie sich zunächst registrieren.

- **Hotspot Locations**
  www.hotspot-locations.com
  Wer nicht nur in Deutschland, sondern weltweit per Hotspot online sein möchte, findet bei Hotspot Locations über 30 000 weltweit verfügbare Funksender. Spitzenreiter ist Europa mit über 16 000 Hotspots.

■ **Connect WLAN-Hotspots**

www.connect.de (Bereich *Service* | *WLAN-Hotspots*)

Die Datenbank der Fachzeitschrift *connect* listet neben knapp 9 000 Hotspots in Deutschland auch weltweit erreichbare Hotspots, insgesamt über 30 000.

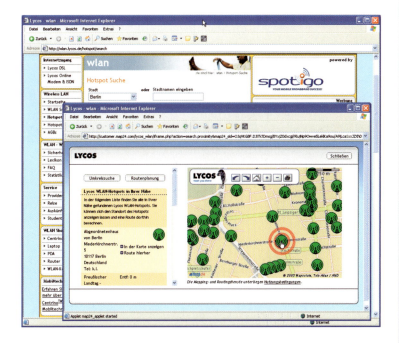

Mit Hotspot-Datenbanken finden Sie im Handumdrehen alle Hotspots in der Nähe.

In Hotspots einwählen

So geht's:

Sobald Sie in Reichweite eines Hotspots sind, können Sie sich einwählen und eine Internetverbindung aufbauen. Das funktioniert im Prinzip genau wie im Heimnetzwerk:

1. Starten Sie Ihr WLAN-fähiges Notebook.
2. Klicken Sie in der Taskleiste mit der rechten (!) Maustaste auf das Symbol für Drahtlosnetzwerke und wählen Sie den Befehl *Verfügbare Drahtlosnetzwerke anzeigen*.
3. Im folgenden Fenster listet Windows alle verfügbaren Funknetzwerke auf. Wenn kein Hotspot-Funknetz angezeigt wird, sollten Sie den Standort um einige Meter verändern und die Suche mit *Netzwerkliste aktualisieren* erneut starten.

4. Um eine Verbindung mit dem Hotspot herzustellen, markieren Sie in der Liste den Hotspot-Namen und klicken auf die Schaltfläche *Verbinden*.

Die meisten Hotspots sind übrigens ungesicherte Netzwerke, um den Verbindungsaufbau so einfach wie möglich zu gestalten.

Hotspots in Reichweite erscheinen in der Liste der verfügbaren Drahtlosnetzwerke.

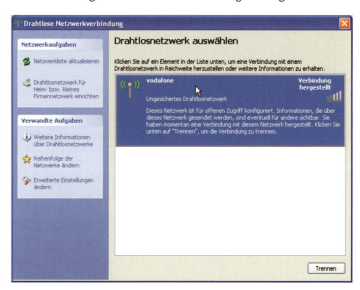

5. Windows stellt daraufhin eine Verbindung zum Hotspot her, zu erkennen an der Meldung *Verbindung hergestellt*. Die grünen Balken zeigen dabei die Signalstärke an. Je mehr grüne Balken sichtbar sind, umso besser ist die Verbindung zum Hotspot.

6. Starten Sie den Internetbrowser und rufen Sie eine beliebige Webseite auf. Statt der eingegebenen Webseite erscheint zunächst die Startseite des Hotspot-Betreibers.

Hier müssen Sie zuerst den Allgemeinen Geschäftsbedingungen zustimmen und sich für eine Abrechnungsart entscheiden. Bei T-Online erfolgt die Abrechnung beispielsweise über die Internetrechnung, bei Vodafone über die Mobilfunkrechnung. Sie müssen anschließend nur noch Ihre Zugangsdaten (T-Online-E-Mail oder -Nummer sowie Kennwort) eingeben, und schon steht die Internetverbindung.

Hotspot-Verbindungen sind in der Regel mit 5 bis 8 Euro pro Stunde sehr teuer. Achten Sie darauf, die Verbindung zu trennen, wenn Sie das Internet nicht nutzen. Hierzu klicken Sie in der Taskleiste mit der rechten (!) Maustaste auf das Symbol für die Drahtlosnetzwerkverbindungen und wählen den Befehl *Drahtlosnetzwerke anzeigen*.

Anschließend markieren Sie die Hotspot-Verbindung und klicken auf *Trennen*.

Nach der Einwahl in einen Hotspot müssen Sie zunächst entscheiden, wie die Abrechnung der Onlinezeit erfolgen soll.

Wo ist die Verschlüsselung?

Fast alle öffentlichen Hotspots arbeiten ohne Verschlüsselung, erkennbar an der Meldung *Ungesichertes Drahtlosnetzwerk*. Die Anbieter schalten die Verschlüsselung aus, um die Verbindung zum Funknetzwerk zu erleichtern.

vodafone
Ungesichertes Drahtlosnetzwerk

So geht's:

Auch die Datei- und Druckerfreigabe des eigenen Rechners sollten Sie ausschalten, damit Hacker über die ungeschützte Hotspot-Verbindung nicht auf Ihre Daten zugreifen können:

1. Öffnen Sie die Systemsteuerung mit *Start | Systemsteuerung*.
2. Doppelklicken Sie auf *Netzwerk- und Internetverbindungen* und anschließend auf *Windows-Firewall*.
   Falls Sie Windows umkonfiguriert haben und die klassische Ansicht der Systemsteuerung verwenden, klicken Sie in der Systemsteuerung doppelt auf *Windows-Firewall*.
3. Wechseln Sie in das Register *Ausnahmen*.
4. Entfernen Sie das Häkchen vor *Datei- und Druckerfreigabe*, um die Freigaben auszuschalten.

Achtung

Über eine Hotspot-Verbindung sollten Sie aus Sicherheitsgründen keine sensiblen Daten verschicken und kein Onlinebanking betreiben!

Wenn Sie nicht mehr mit dem Hotspot, sondern mit Ihrem eigenen, gesicherten WLAN verbunden sind, können Sie die Datei- und Druckerfreigabe auf gleichem Weg wieder aktivieren.

Bei Hotspot-Verbindungen sollten Sie sicherheitshalber die Datei- und Druckerfreigabe ausschalten.

Hotspot-Kosten und Abrechnungsarten

Technisch sind alle Hotspots gleich: Mit einem WLAN-fähigen Notebook oder PDA können Sie sich in jeden öffentlichen Hotspot einwählen. Unterschiede gibt es hingegen bei den Abrechnungsmodalitäten, fast jeder Provider bietet eine andere Variante an. Die gängigsten Abrechnungsverfahren sind:

- **Direkt über den Internetprovider**

  Viele große Internetprovider wie T-Online und AOL unterhalten eigene Hotspot-Zugänge. Als Kunde von T-Online oder AOL erfolgt die Abrechnung über die normale Internetrechnung. Die Zugangsdaten sind die gleichen wie beim Internetzugang zu Hause.

- **Abrechnung per Handy**

  Einige Hotspot-Betreiber wie Vodafone bieten eine Abrechnung per Handyrechnung an. In den meisten Fällen wählen Sie eine

kostenpflichtige Rufnummer und erhalten dann die Zugangsdaten per SMS oder automatischer Ansage.

■ **Kreditkarte**

Vor allem im Ausland ist die Abrechnung per Kreditkarte weitver-
breitet. Sie geben Ihre Kreditkartendaten (in Deutschland auch EC-
Karten-Daten) in das Anmeldeformular ein und können nach der
Überprüfung der Daten sofort lossurfen. Je nach Nutzung des Hotspots belastet der Anbieter später Ihre Kreditkarte bzw. bucht den
Rechnungsbetrag von Ihrem Konto ab. Die Eingabe der Kreditkartendaten erfolgt zwar über ein unverschlüsseltes WLAN, aber über
eine SSL-verschlüsselte Webseite. Wer dennoch Bedenken hat, verwendet stattdessen eine der alternativen Abrechnungsmethoden.

■ **Prepaidvoucher**

Bei einigen Anbietern kaufen Sie Prepaidkarten, auch Voucher genannt. Wie bei einer Prepaidtelefonkarte kaufen Sie damit im Voraus Hotspot-Zeit oder ein bestimmtes Übertragungsvolumen. Sie

Vodafone W-LAN

**Abrechnung über
Ihre Mobilfunkrechnung:**

Kunden der folgenden
Netzbetreiber können Vodafone
W-LAN über Ihre Mobilfunkrechnung
bezahlen:

Vodafone D2

O₂ o2 Germany

Häufig steht bei der
Wahl der Abrechnungs-
methode auch die Be-
lastung der Kreditkarte
zur Verfügung.

können den Zugang dann so lange nutzen, wie noch Guthaben auf dem Voucher verfügbar ist. Viele Hotelketten stellen ihren Gästen bei der Zimmerbuchung Voucher für kostenlose WLAN-Stunden zur Verfügung.

- ■ **Flattarife für Hotspots**
  Flatrates fürs Surfen rund um die Uhr zum Pauschaltarif sind derzeit noch selten. AOL bietet für knapp 5 Euro pro Monat einen Hotspot-Tarif ohne Zeit- oder Volumengrenze. T-Online plant für Anfang 2007 eine Flatrate für seine knapp 7 500 Hotspots.

Wenn's nicht funkt: Probleme aufspüren und lösen

Auch wenn die Funktechnologie heute ausgereift ist, lauern beim Aufbau eines eigenen Drahtlosnetzwerks hier und da noch einige Stolperfallen. Wenn es in Ihrem Netzwerk nicht funkt und partout keine Verbindung zwischen WLAN-Notebook und Router zustande kommen will, hilft nur die gezielte Fehlersuche. Die meisten Probleme entstehen durch das falsche Anschließen oder fehlerhafte Einstellparameter.

Keine Verbindung zum Router

Häufig beginnen die Probleme bereits beim Aufstellen des WLAN-Routers. Wenn der Zugriff auf den Router nicht möglich ist und statt des Log-in-Menüs nur eine Fehlermeldung erscheint, kann das verschiedene Ursachen haben. Die häufigsten sind:

▣ Stromversorgung

Hört sich verrückt an, ist aber Ursache Nummer eins: Überprüfen Sie zunächst die Stromversorgung des Routers. Oft gibt es am Router einen Schalter, mit dem Sie das Gerät zuerst einschalten müssen. Eine Kontrollleuchte am Gerät verrät, ob der Router eingeschaltet und einsatzbereit ist.

▣ Verbindung zum Internet

Prüfen Sie, ob die Verbindung zum DSL-Anschluss steht. Meist gibt es dafür ein Kontrolllämpchen „DSL" am Router. Wenn es nicht leuchtet, hilft es manchmal, den Router kurz aus- und wieder einzuschalten: Der Router sucht beim Starten noch einmal aktiv nach der DSL-Verbindung.

▣ Rettungsanker Reset

WLAN-Router sind im Grunde kleine Computer, die auch mal abstürzen können. Drücken Sie am Router die Reset-Taste, um das Gerät neu zu starten. Falls am Gerät kein Reset-Schalter vorhanden ist, ziehen Sie den Netzstecker, warten einige Sekunden und schließen ihn wieder an.

▣ Anschlüsse korrekt?

Eine beliebte Fehlerquelle ist das Vertauschen der Anschlüsse auf der Rückseite des Geräts. Überprüfen Sie, ob nicht versehentlich die Kabel für LAN- und DSL-/WAN-Anschluss vertauscht sind – beide Buchsen haben das gleiche Format. An den DSL-/WAN-Anschluss kommt das DSL-Kabel zum Splitter. An den LAN-Anschluss kommt das Netzwerkkabel zum PC.

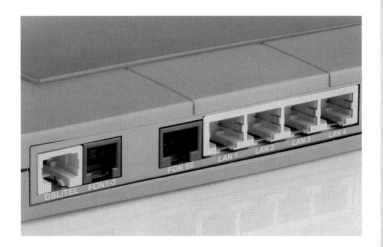

Achten Sie auf die Bezeichnungen der Anschlüsse. Oft sind die Kabel für die Anschlüsse DSL und LAN vertauscht.

■ **Stecker eingerastet?**

Netzwerkstecker haben am oberen Rand eine kleine „Nase", die beim Einstecken in den Router hörbar einrasten muss. Ziehen Sie testweise leicht an den Netzwerkkabeln am Router. Lassen sich die Kabel ohne Widerstand herausziehen, sind sie nicht korrekt eingerastet. Drücken Sie die Kabel fest in die Anschlussbuchse, bis die „Nase" eingerastet ist.

Notebooks finden kein Funknetz

Der Router funktioniert, doch das WLAN-Notebook oder ein anderes WLAN-Gerät will partout keine Funkverbindung aufbauen? Das hat meist zwei Ursachen: zu viel installierte Software oder Tippfehler beim Verschlüsselungskennwort.

■ **Zugangssoftware der Kartenhersteller**

Viele Hersteller von WLAN-Netzwerkkarten oder USB-Sticks installieren auf dem PC auch gleich eine eigene Zugangssoftware. Die verträgt sich aber oft nicht mit der Windows-eigenen WLAN-Software. Die Lösung: Deinstallieren Sie die WLAN-Software des Herstellers und verwenden Sie stattdessen ausschließlich die Software von Windows.

■ **Tippfehler im Netzwerkschlüssel**

Jedes WLAN sollte mittels WEP oder WPA verschlüsselt werden. Wenn nach der Aktivierung der Verschlüsselung erst einmal Funkstille herrscht, überprüfen Sie noch einmal die Einstellungen.

Bei der WEP-Verschlüsselung müssen Sie insbesondere auf die Schlüsselnummer achten. Üblicherweise können Sie zwischen vier verschiedenen Schlüsseln auswählen. Im WLAN-Endgerät verwenden Sie normalerweise den ersten Schlüssel. Bei einigen Routern ist die Zählweise jedoch verschieden – einige Modelle beginnen bei 0, andere bei 1.

Ganz wichtig ist die korrekte Schreibweise der Kennwörter. Oft schleichen sich Tippfehler ein, die eine Verbindung unmöglich machen, insbesondere, da die Eingabe oft nicht in Klartext erfolgt, sondern mit Sternchen verborgen wird.

Prüfen Sie zudem, ob Sie sowohl im Router als auch im Notebook die gleiche Schlüssellänge (64 Bit oder 128 Bit) und denselben Schlüsseltyp verwenden. Viele Router bieten hexadezimale oder alphanumerische ASCII-Schlüssel an. Bei der alphanumerischen Variante ist die Groß- und Kleinschreibung besonders wichtig.

Ihr WLAN-Router ist eingerichtet, die Verbindung steht. Dann kann es ja losgehen. Doch halt: Gerade weil die Einrichtung eines WLANs recht schnell geht, sollten Sie noch ein wenig Zeit in die Sicherheit investieren. Zwar haben Sie mit der Verschlüsselung bereits die wichtigste Einstellung vorgenommen, für ein richtig sicheres Netz ist aber weit mehr notwendig. In den nächsten Kapiteln erfahren Sie, warum ein WLAN prinzipiell unsicher ist und welche Gefahren beim kabellosen Surfen drohen.

Kapitel 2

WLAN einrichten und absichern

Leider nicht abhörsicher

Leider nicht abhörsicher

Vorsicht Falle: Viele Anwender glauben, eine Firewall reiche zum Absichern des Funknetzes aus. Weit gefehlt: Im Funknetzwerk schwirren die Daten praktisch offen für jedermann durch die Luft. Jeder Hacker in Reichweite Ihres Funknetzes kann sich dann bei Ihren Dateien und Dokumenten bedienen – oder auf Ihre Kosten im Internet surfen.

Warum Funknetze unsicher sind

Auf den ersten Blick spielt es für die Sicherheit keine Rolle, ob die Daten im Netzwerk nun durch das Kabel oder durch die Luft wandern. Die Daten sind ja bei beiden Übertragungsarten die gleichen.

Doch bei näherer Betrachtung zeigt sich, dass es in punkto Sicherheit gewaltige Unterschiede zwischen dem klassischen Netzwerkkabel und dem modernen WLAN gibt. Das liegt an der Art der Datenübertragung.

Kabelnetze sind abhörsicher

Bei einem kabelgebundenen Netzwerk sind Sie auf der sicheren Seite – zumindest, was die Gefahr des Abhörens angeht. Sind zwei PCs mit einem Netzwerkkabel verbunden, besteht eine Punkt-zu-Punkt-Verbindung. Das Netzwerkkabel wirkt dabei wie ein Tunnel, der die Daten zwischen den beiden PCs hin und her schickt. Außerhalb des Tunnels, sprich: des Netzwerkkabels, bleiben die Daten unsichtbar.

Die Abschirmung im Netzwerkkabel sorgt unter anderem dafür, dass Daten nicht abgehört werden können.

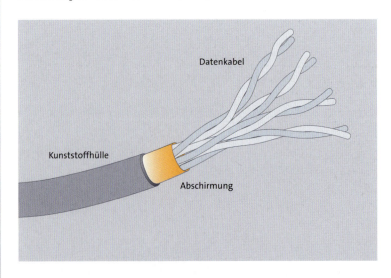

Datenkabel

Kunststoffhülle

Abschirmung

> **Achtung**
>
> **Abhörsicher, aber andere Gefahren drohen**
>
> Ein Netzwerkkabel ist zwar abhörsicher, das bewahrt aber nicht vor anderen Gefahren, die im Internet lauern: Viren, Trojaner und andere schädliche Software. Einmal auf einem Rechner Ihres Netzwerks gelandet, können sich diese ungehindert ausbreiten. Wie Sie sich auch davor schützen, erfahren Sie im Kapitel *Zusätzliche Werkzeuge zum Absichern* (→ Seite 76).

Das Netzwerkkabel lässt sich nicht abhören. Um die Datenleitungen aus Kupfer herum liegt eine feine Ummantelung aus einer Schicht Aluminium oder einem Kupfergeflecht, das wie ein Faradaykäfig wirkt. Der hält elektromagnetische Felder fern, und zwar in beide Richtungen: Weder lässt sich in das Netzwerkkabel hineinschauen, noch gibt das Netzwerkkabel die übertragenen Daten an die Umgebung ab. Die Daten bleiben praktisch im Tunnel und kommen erst am Ziel-PC wieder aus dem Kabel heraus. Ein Belauschen ist nicht möglich.

Netzwerkkabel wirken wie sichere Tunnel: Ein Belauschen des Netzwerkverkehrs von außen ist nicht möglich.

Geheime Daten aus der Luft

Völlig anders sieht es bei der Datenübertragung im Funknetzwerk aus. Die Funkdaten machen dabei auch nicht an der Hauswand oder der Zimmerdecke halt. WLANs haben im freien Feld eine Reichweite von über 100 Metern, in Gebäuden je nach Wandstärke immerhin noch zwischen zehn und 30 Metern, und zwar in alle Richtungen. Das WLAN „schreit" praktisch die Datenpakete wie mit einem Megafon in alle Himmelsrichtungen heraus.

Das bedeutet in der Praxis: Jeder, der sich im Sendebereich des WLANs aufhält, kann den Funkverkehr mithören – wie bei einer zu laut aufgedrehten Stereoanlage. Der Datenverkehr wird im Mikrowellenbereich von 2,4 GHz bzw. 5,4 GHz ausgestrahlt. Mit speziellen Geräten und sogar jedem handelsüblichen WLAN-Computer lassen sich die ausgestrahlten Daten problemlos empfangen. Mit welchen Mitteln und Methoden Hacker arbeiten, erfahren Sie im nächsten Kapitel *Die Werkzeuge der Hacker* (→ Seite 44).

Info

Gesundheitliche Risiken?

Die vom WLAN-Sender ausgestrahlte elektromagnetische Strahlung im Mikrowellenbereich liegt weit unter den vom Gesetzgeber vorgegebenen Grenzwerten. Ein WLAN steigert zwar den Elektrosmog im Haus, die Belastung durch ein Funknetzwerk ist aber um ein Vielfaches geringer als durch ein Schnurlostelefon oder ein Handy. Die Strahlungsleistung von WLAN-Geräten liegt bei knapp 0,1 Watt, Handys strahlen hingegen mit einer Leistung von über einem Watt. Auch das Bundesamt für Strahlenschutz stuft WLAN nach dem derzeitigen Stand der Wissenschaft als unbedenklich ein. Weitere Infos zum Thema finden Sie auf den Webseiten des Bundesamts für Strahlenschutz unter

www.bfs.de/bfs/druck/infoblatt/Bluetooth_WLAN.html

sowie www.emf-forschungsprogramm.de.

Im WLAN lässt sich der gesamte Netzwerkverkehr auch außerhalb der eigenen vier Wände belauschen.

WLANs abhörsicher machen

Dass Funkwellen nach außen, auf die Straße oder zum Nachbarn dringen, lässt sich nicht verhindern. Sie können sich aber dennoch erfolgreich gegen das Belauschen schützen. Das Zauberwort heißt: Verschlüsselung.

Der Datenverkehr im Funknetzwerk lässt sich bei jedem WLAN verschlüsseln. Sender und Empfänger einigen sich dabei auf eine Geheimsprache, die nur die zugelassenen Netzwerkgeräte verstehen.

Ein Hacker vor der Haustüre kann dann zwar immer noch den Daten-verkehr mithören, er versteht nur nichts mehr.

Die Verschlüsselung ist nur eine Methode, um das WLAN dicht zu machen. Wie Sie die Verschlüsselung einsetzen, welche Verschlüsse-lungsmechanismen es gibt und was Sie noch für die Sicherheit tun können, erfahren Sie ausführlich im Kapitel *Sicher ist Sicher: Das WLAN abdichten* (→ Seite 52).

Was Hacker anrichten können

Bei vielen WLAN-Geräten ist die Verschlüsselung im Auslieferungs-zustand ausgeschaltet, meist aus Bequemlichkeit, um die Installation des Funknetzwerks so einfach wie möglich zu machen. Schließlich ist zum Aktivieren der Verschlüsselung auf dem Router und allen Endgeräten viel Handarbeit notwendig. Stellt sich die Frage, ob das Absichern des privaten Funknetzwerks überhaupt lohnt. Schließlich liegen auf privaten PCs (anders als in Firmennetzwerken) meist keine sensiblen oder streng geheimen Daten vor.

Bei näherer Betrachtung wird jedoch klar, dass ein Hacker auch bei privaten Netzwerken weit mehr als nur Urlaubsfotos oder das Sitzungsprotokoll des Sportvereins stibitzen kann. Ein offenes, unge-schütztes WLAN ist auch im Privatbereich ein gefundenes Fressen für Hacker und Datenschnüffler.

Zugriff auf private Dateien

In ungeschützten Funknetzwerken können findige Hacker mit we-nigen Handgriffen auf sämtliche Dateien des Computers zugreifen. Viele Dateien wie persönliche Fotos, geschäftliche Korrespondenz, Tagebuchaufzeichnungen und gespeicherte Kennwörter sind sicher nicht für die Öffentlichkeit gedacht und sollten nicht ungeschützt auf dem PC herumliegen.

Eigene Dateien

Achtung

Firewalls schützen nicht

Ist ein Angreifer erst einmal drin im eigenen WLAN-Netz, kann er sich dort frei bewegen. Über die Datei- und Druckerfreigabe hat er dann Zugriff auf freigegebene Dateien. Firewalls sind hier machtlos, da sie in der Regel nur den Datenverkehr zwischen dem eigenen PC und dem Internet überwachen, nicht aber zwischen PCs und anderen Endgeräten im eigenen Netzwerk. Anfragen aus dem eigenen Netzwerk – und ein eingedrungener Hacker gehört dazu – stufen die meisten Firewalls als harmlos ein und lassen ihnen freie Bahn.

Lauschangriff beim Onlinebanking

Besonders sensibel ist der Bereich Onlinebanking. Auch wenn Banken die Kommunikation zwischen Computer und Bankserver noch einmal separat verschlüsseln, können Hacker mit geeigneten Mitteln die Kommunikation belauschen und PIN- und TAN-Nummern ausspionieren. Der technische Aufwand ist aufseiten der Hacker zwar größer, ein Restrisiko bleibt dennoch. Um auf Nummer sicher zu gehen, gilt der Ratschlag: Verzichten Sie möglichst darauf, mit einem WLAN-Computer – zum Beispiel WLAN-Notebook oder PDA – Bankgeschäfte zu tätigen. Verwenden Sie stattdessen einen PC, der per Netzwerkkabel mit dem Router verbunden ist. Falls Ihnen zum Onlinebanking doch keine andere Möglichkeit als ein WLAN-Computer bleibt, achten Sie unbedingt darauf, dass die in diesem Buch genannten Sicherheitsmaßnahmen aktiviert sind.

Bankgeschäfte sollten Sie aus Sicherheitsgründen nur mit einem kabelgebundenen PC tätigen.

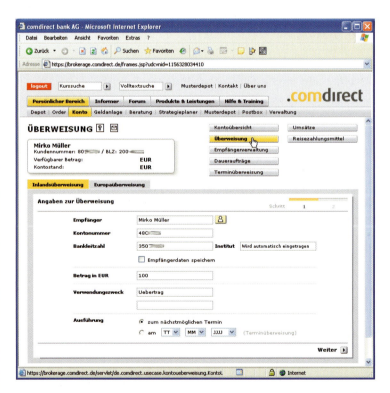

Passwortklau

Für viele Onlinedienste wie Amazon, PayPal und Ebay, aber auch für private Foren und Blogs benötigen Sie Zugangspasswörter, um in den persönlichen Bereich zu gelangen. Erst dann sind Einkäufe und das Schreiben von Forenbeiträgen möglich.

Benutzerkennwörter und Passwörter sind ein lohnendes Ziel für Datenspione. Zwar verwenden große Anbieter wie Amazon und Ebay extra verschlüsselte Webseiten zur Übermittlung der Zugangsdaten, bei vielen kleineren Anbietern und Foren erfolgt die Passwortabfrage aber ungeschützt. In einem ungeschützten WLAN wandern Benutzername und Kennwort dann im Klartext durch den Äther. Hacker können die belauschten Zugangsdaten sofort weiterverwenden und sich in Ihrem Namen bei den Onlinediensten anmelden.

Achtung

Kennwörter variieren!

Aus Bequemlichkeit verwenden viele Anwender bei den verschiedenen Onlinediensten stets dieselben Benutzernamen und Kennwörter. Das ist zwar praktisch, aber auch gefährlich. Gelangen Unbefugte beispielsweise in den Besitz Ihrer GMX-Zugangsdaten, können sie sich damit auch gleich bei Amazon, PayPal und Ebay anmelden. Daher ist es ratsam, bei jedem Onlinedienst unterschiedliche Kennwörter zu verwenden – auch wenn es aufwendiger ist.

Kostenlose Internetnutzung

Die einfachste und bei Gelegenheitshackern beliebteste Variante ist die kostenlose Mitbenutzung Ihres Internetzugangs. Sobald sich ein Hacker in Ihr ungeschütztes Funknetzwerk eingeklinkt hat, kann er auf Ihre Kosten im Internet surfen. Das kann besonders bei Volumen- oder Zeittarifen ins Geld gehen. Bei einer Flatrate entstehen durch die unbefugte Mitbenutzung zwar keine zusätzlichen Kosten, der Angreifer belegt aber eventuell so viel Bandbreite, dass der Internetzugang immer langsamer wird.

Kapitel 3

WLAN einrichten und absichern
Die Werkzeuge der Hacker

Die Werkzeuge der Hacker

Ob nur zum Spaß oder mit böser Absicht: Oft sind private oder Firmen-WLANs das Ziel von Hackerangriffen. Einige Hacker machen dies nur zum Zeitvertreib und schnüffeln unterwegs nach offenen Netzwerken.

Die Angriffslust macht auch vor verschlüsselten und scheinbar sicheren Funknetzwerken nicht halt. Oft sind die Werbeversprechen auf der Verpackung wie „Sicher durch WEP- und WPA-Verschlüsselung" nichts als heiße Luft. Findige Hacker haben die Verschlüsselungsmechanismen längst geknackt. Dazu sind zwar jede Menge Computer-Know-how und einiger technischer Aufwand nötig, oft stellt aber auch das keine allzu hohe Hürde mehr dar. Genügend kriminelle Energie und technisches Equipment vorausgesetzt, lässt sich heute fast jedes WLAN knacken.

Das heißt nicht automatisch, dass in Ihrer Nachbarschaft bereits ein Hacker auf Ihr WLAN lauert und es auf Ihre Daten abgesehen hat, es zeigt aber deutlich, wie verwundbar selbst scheinbar sichere Funknetzwerke sein können.

Offene Netze für Gelegenheitshacker

Bequemlichkeit kann schwere Folgen haben. Viele Anwender stellen WLAN-Router auf, ohne sich um die Sicherheit ihres eigenen Netzes zu kümmern. Nach dem Motto „Hauptsache, es funktioniert" wird der neue WLAN-Router kurzerhand mit den Standardeinstellungen in Betrieb genommen. Das geht schneller und man braucht sich nicht mit den verschiedenen Einstellmöglichkeiten auseinanderzusetzen.

Mit gravierenden Folgen: Stichproben in großen Städten ergaben, dass rund ein Viertel aller WLANs ohne Verschlüsselung arbeitet. Angreifern wird damit Tür und Tor ins eigene Netz geöffnet.

Dabei bedarf es noch nicht einmal besonders hoher krimineller Energie oder spezieller Hard- oder Software. Jedes handelsübliche WLAN-Notebook genügt, um sich in ungeschützte Netzwerke einzuklinken. Wenn beispielsweise in der Liste der verfügbaren Drahtlosnetzwerke ein ungesichertes Netzwerk auftaucht, reicht oft ein Mausklick auf *Verbinden*, und schon ist man drin im fremden Netzwerk.

Nicht selten findet man sogar in der eigenen Nachbarschaft ungesicherte Funknetzwerke – ein Blick in die Liste der verfügbaren Drahtlosnetzwerke genügt. Falls Sie ein solches Netz entdecken und Hinweise finden, dass es Ihr Nachbar ist, sollten Sie ihn kurz auf die potenzielle Gefahr hinweisen. Vielen Anwendern ist gar nicht bewusst, dass das eigene Netzwerk und persönliche Daten bedroht sind.

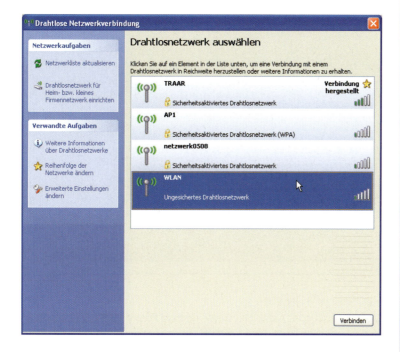

Oft genügt schon ein Mausklick, um in ein ungesichertes Netzwerk einzudringen.

Wardriving – die Geheimsprache der Hacker

Das Schnüffeln nach offenen Funknetzwerken hat sich mittlerweile sogar zum Hobby einiger Anwender entwickelt. Ausgerüstet mit einem WLAN-Notebook fahren sie durch die Innenstädte und spüren offene Netze auf – diese Masche nennt sich Wardriving.

Die Motivation der Wardriver ist unterschiedlich: Für einige ist es lediglich ein Zeitvertreib, andere nutzen die Informationen, um die jeweiligen Betreiber auf Sicherheitslücken hinzuweisen. Gefährlich wird es, wenn Wardriver versuchen, in die gefundenen Netze einzubrechen und Daten zu stehlen oder zu beschädigen.

Im Internet hat sich sogar eine rege Community gebildet, deren Mitglieder in Foren und Diskussionsräumen Erfahrungen austauschen und sich gegenseitig Tipps zum Aufspüren offener Netze geben. Selbst Landkarten mit eingezeichneten offenen Netzen sind frei verfügbar.

In einschlägigen Foren tauschen Wardriver ihre Erfahrungen aus und geben Anleitungen zum Eindringen in WLANs.

Rechtliche Aspekte

Ob geschützt oder nicht: Das Eindringen in fremde Netzwerke ist kein Kavaliersdelikt, es drohen hohe Strafen. Laut Telekommunikationsgesetz ist es untersagt und unter Strafe gestellt, Nachrichten, die nicht für den eigenen WLAN-Computer bestimmt sind, abzuhören. Allerdings enthält das Gesetz ein Lücke: Im ungeschützten WLAN sind technisch gesehen alle Funksignale für jeden Empfänger bestimmt. Das reine Mithören des Datenverkehrs mit unmodifizierter Hardware ist bei ungeschützten WLANs demnach kein strafbarer Eingriff.

Ist das Funknetzwerk jedoch zusätzlich gesichert – etwa durch Verschlüsselung –, handelt es sich um Ausspähen von Daten, das laut Strafgesetzbuch (§ 202a) mit bis zu drei Jahren Freiheitsstrafe geahndet werden kann. Auch wenn es über das reine „Abhören" hinausgeht, drohen Konsequenzen. Wer Daten rechtswidrig löscht, unterdrückt, unbrauchbar macht oder verändert, muss nach § 303a, Strafgesetzbuch mit einer Freiheitsstrafe bis zu zwei Jahren oder Geldstrafe rechnen. Führt die Datenbeschädigung zusätzlich zu Störungen des betrieblichen Ablaufs, liegt Computersabotage vor, bei der nach § 303b bis zu fünf Jahre Freiheitsentzug oder Geldstrafe drohen.

Verschlüsselungen längst geknackt

Sicherheitsmaßnahme Nummer eins für WLANs ist das Absichern mittels WEP- oder WPA-Verschlüsselung, um zumindest Gelegenheitshacker vom ungehinderten Eindringen in das eigene Netzwerk abzuhalten. Doch selbst die Verschlüsselung der Daten bietet keinen Schutz vor findigen Hackern. Schuld daran sind eklatante Sicherheitslücken in den Verschlüsselungsalgorithmen, sowohl beim älteren WEP-Verfahren (Wired Equivalent Privacy) als auch bei der moderneren WPA-Verschlüsselung (Wi-Fi Protected Access).

Engagierte Hacker brauchen bei der älteren WEP-Verschlüsselung weniger als 30 Minuten, um die Schlüssel zu knacken und den WLAN-Verkehr dann ungehindert abhören zu können. Um diese Sicherheitslücke zu schließen, wurde das neue Verschlüsselungsverfahren WPA (Wi-Fi Protected Access) entwickelt. Es ist in der Tat sicherer als das alte WEP-Verfahren. Eine hundertprozentige Sicherheit bietet aber auch WPA nicht. Das Problem: WPA ist anfällig für Denial-of-Service-Attacken (DoS), die das WLAN mit unsinnigen Daten „bombardieren". Um den Angriff abzuwehren, schaltet der Router den WLAN-Datenverkehr für 60 Sekunden ab, sobald innerhalb von einer Sekunde mehr als ein potenzielles Angriffspaket entdeckt wird. Damit wird das Netz zwar vor Eindringlingen geschützt – allerdings zum Preis eines zeitweise komplett lahmgelegten WLANs.

Zudem ist für findige Hacker auch die WPA-Verschlüsselung kein großes Geheimnis. Sie brauchen für einen Eingriff zwar wesentlich länger als beim alten WEP-Verfahren – unüberwindlich ist die WPA-Hürde aber keinesfalls.

Achtung

Trotz Lücken auf WPA achten

Trotz der auch bei WPA enthaltenen Sicherheitslücken sollten Sie beim Kauf der WLAN-Hardware darauf achten, dass die Geräte zumindest WPA unterstützen. Damit verfügen Sie über ein gewisses Mindestmaß an Sicherheit und schrecken zumindest Gelegenheitshacker oder -schnüffler ab.

Hackern über die Schulter geschaut

Die Vorgehensweise beim Knacken geschützter Netzwerke ist immer gleich. Ausgestattet mit einem Notebook und einer zusätzlichen Antenne zur Verstärkung der Reichweite begeben sich die Hacker in die Nähe eines WLANs.

Auf dem Notebook ist eine spezielle Software zum Schnüffeln in Funknetzwerken installiert. Die oft frei verfügbare Spezialsoftware kann mehr als nur Funknetze aufspüren. Sie analysiert den Datenverkehr im Funknetz und knackt mit speziellen Verfahren nach einiger Zeit auch das Verschlüsselungskennwort. Die Software muss dazu nur eine genügend große Menge an Datenpaketen belauschen, um auf den Rechenmechanismus der Verschlüsselung zurückzuschließen. Je mehr Pakete „mitgeschnitten" werden, umso schneller ist der Zugangsschutz geknackt.

Mit Spezialsoftware dringen Hacker auch in geschützte Netzwerke ein.

Mit weiterer Zusatzsoftware hebeln Hacker sogar zusätzliche Schutzmaßnahmen aus, etwa die Beschränkung des WLANs auf bestimmte Computer wie das eigene Notebook. In vielen WLAN-Routern können Sie eine Liste der im Netzwerk zugelassenen Computer anlegen – nur diese Rechner dürfen sich an das Funknetz anmelden. Maßgeblich ist dabei die MAC-Adresse, eine Art Absenderkennung der zugelassenen Computer. Wie das geht, beschreiben wir im Kapitel *Sicher ist sicher: Das WLAN abdichten* im Abschnitt *Schritt 4: Nur eigene PCs zulassen* (→ Seite 64).

Mit speziellen Programmen verschleiern Hacker ihre Identität oder geben sich als anderer Computer aus.

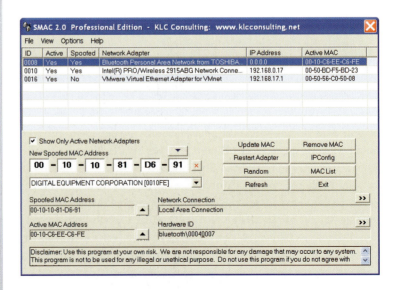

Spezielle Programme der Hacker umgehen auch diesen Schutz, indem sie die MAC-Adresse kurzerhand fälschen und sich als zugelassenes Notebook zu erkennen geben. Wie bei einem gefälschten Reisepass geben sich die Hacker bzw. deren Computer einfach als jemand anders aus.

Trotzdem nicht auf Sicherheitsmechanismen verzichten

Auch wenn die Spezialprogramme der Hacker sehr mächtig sind und locker fast alle Sicherheitsmechanismen aushebeln, ist das kein Grund zur Verzweiflung. Trotz der verbliebenen Lücken sollten Sie auch weiterhin Ihr WLAN per Verschlüsselung und durch weitere Maßnahmen – siehe Kapitel *Sicher ist sicher: Das WLAN abdichten* (→ Seite 52) – absichern. Die Hürden sind für Hacker zwar nicht unüberwindbar, zumindest machen Sie es potenziellen Angreifern damit aber so schwer wie möglich.

Woran Hacker sich die Zähne ausbeißen

Bei all den verbliebenen Sicherheitslücken und Restrisiken stellt sich die Frage, ob es überhaupt eine Möglichkeit gibt, ein WLAN vor Hackern sicher zu machen.

Die Antwort lautet: Ja. Für Profis gibt es tatsächlich eine sichere Lösung, um Unbefugte aus dem WLAN zu verbannen. Die Lösung heißt VPN (Virtual Private Network). Virtual Private Networks nutzen die bestehende, unsichere Funkverbindung, ergänzen sie aber um weitere Sicherheitsmechanismen. Jeder Client muss sich bei einem speziellen VPN-Server zunächst eindeutig identifizieren. Nur Computer mit einem zuvor ausgestellten und installierten Zertifikat (elektronische Zugangsberechtigung) haben Zutritt zum WLAN. Nach erfolgter Authentifizierung wird der komplette Datenverkehr zusätzlich mit dem Zertifikat verschlüsselt.

Ein Angreifer im Empfangsbereich des WLANs kann die per Funk übertragenen Daten zwar empfangen, ohne Zertifikat aber kein Wort verstehen. Auch Spezialsoftware hilft hier nicht weiter – ohne Zertifikat läuft nichts.

Ein VPN zwischen den WLAN-Clients (Endgeräten) und einem Firmennetz stellt die beste Absicherung vor unerlaubtem Eindringen in das Netzwerk dar. Die Lösung hat sich im Praxiseinsatz bereits bestens bewährt: Viele Universitäten und Unternehmen mit sensiblen Daten verwenden die VPN-Lösung erfolgreich für einen sicheren WLAN-Zugang der Studenten und Mitarbeiter auf das interne Netzwerk.

Die Einrichtung eines VPN-Zugangs ist allerdings sehr aufwendig und würde den Rahmen dieses Buches sprengen. Ein VPN sollte nur von erfahrenen Netzwerkadministratoren installiert und eingerichtet werden.

Kapitel 4

WLAN einrichten und absichern

Das WLAN abdichten

Sicher ist sicher: Das WLAN abdichten

Wenige Schritte genügen, um mit dem neu gekauften WLAN-Router kabellos im Internet zu surfen. Die einfache Installation moderner Geräte verspricht schnelle Erfolgserlebnisse. Nach wenigen Minuten ist man schon drin im Internet.

Viele Anwender belassen es auch damit, sie sind froh, dass alles so rasch und reibungslos klappt – und übersehen dabei die Gefahren allzu sorglos aufgestellter WLAN-Router. Viele Geräte bieten in der Grundeinstellung nur mangelhaften oder gar keinen Schutz vor An-griffen von außen. Wie in einem Haus ohne Türen können Fremde aus und ein gehen und sich ungehindert im Haus – sprich: im Netz-werk – umsehen.

Dabei gibt es eine Reihe wirksamer Sicherheitsmechanismen, die das Netz vor fremden Blicken schützen. Je mehr Schutzschilde Sie aktivieren, umso schwieriger wird es für Unbefugte, in Ihr Netzwerk einzudringen.

In wenigen Schritten zum sicheren WLAN

Alle WLAN-Geräte verfügen über eine Vielzahl eingebauter Sicher-heitsmechanismen. Die wirken allerdings nur, wenn sie auch einge-schaltet und richtig konfiguriert sind.

Das dauert zwar einige Minuten, danach sind Sie aber auf der si-cheren Seite. Sind im WLAN alle wichtigen Sicherheitsfunktionen ak-tiviert, wird es für Hacker zwar nicht unmöglich, aber richtig schwer, in Ihr Netzwerk einzudringen.

So geht's:

Das Absichern des eigenen WLANs vor unbefugtem Zugriff ist nicht kompliziert. Vier Schritte sind hierzu notwendig:

- **Schritt 1: Standardkennwort ändern**
  Die besten Schutzmechanismen sind sinnlos, wenn jedermann Zugriff auf das Konfigurationsmenü des Routers hat. Ändern Sie zuerst das Standardkennwort des Routers.

- **Schritt 2: Verschlüsselungen nutzen**
  Mit der Verschlüsselung verwenden Sie in Ihrem Funknetz eine Geheimsprache, die nur die eigenen Netzwerkgeräte verstehen.

■ **Schritt 3: Netzwerknamen und Kennwort ändern**

Mit der Änderung des Standardnetzwerknamens ist es für Hacker schwieriger, den Namen Ihres WLANs zu erraten. Wer den Namen des eigenen WLANs zusätzlich versteckt, macht das Funknetz zwar nicht unsichtbar, erschwert aber den unbefugten Zugriff.

■ **Schritt 4: Nur eigene PCs zulassen**

Sehr wirksam ist die Beschränkung auf ganz bestimmte Computer. Machen Sie aus Ihrem WLAN eine geschlossene Benutzergruppe, der nur die eigenen Computer angehören. Alle anderen müssen draußen bleiben.

Je mehr der genannten Sicherheitsmaßnahmen Sie umsetzen, desto sicherer ist Ihr WLAN vor Angreifern. Auf den folgenden Seiten erfahren Sie Schritt für Schritt, wie Sie die einzelnen Maßnahmen im Router und den WLAN-Geräten aktivieren und optimal einstellen.

Schritt 1: Standardkennwort ändern

Alle Sicherheitsmaßnahmen nehmen Sie im Konfigurationsmenü des WLAN-Routers vor. Das Konfigurationsmenü ist praktisch die Steuerzentrale Ihres Funknetzwerks. Umso wichtiger ist es, diese vor fremdem Zugriff zu schützen.

Bei fast allen WLAN-Routern ist der Zugriff auf die Konfigurationsoberfläche per Kennwort geschützt. Allerdings sind die von den Herstellern vergebenen Standardkennwörter bei Hackern bestens bekannt. Im Internet kursieren offen Listen der Standardkennwörter fast aller Hersteller.

So geht's:

Daher ist es besonders wichtig, so früh wie möglich das Standardkennwort des eigenen Routers zu ändern und diese Hintertür dicht zu machen. Gehen Sie hierzu folgendermaßen vor:

1. Öffnen Sie den Internetbrowser und geben Sie die Adresse für die Konfigurationsoberfläche Ihres WLAN-Routers ein. Melden Sie sich gegebenenfalls mit dem Standardkennwort beim Router an. Die genaue Adresse erfahren Sie im Handbuch Ihres Routers. Die Standardadressen und -kennwörter der wichtigsten Hersteller finden Sie auch im Kapitel *Drahtlos surfen: WLAN* (→ Seite 8).

Ändern Sie das Kennwort des WLAN-Routers. Das Standardkennwort des Herstellers bietet keinen ausreichenden Schutz.

2. Wechseln Sie im Konfigurationsmenü in den Bereich zum Ändern des Kennworts. Leider ist die Menüführung nicht bei allen Herstellern gleich. Bei der weitverbreiteten Fritz!Box von AVM ändern Sie das Kennwort im Bereich *Einstellungen | System | Fritz!Box-Kennwort*.

Sollten Sie das Konfigurationsmenü zum Ändern des Passworts nicht auf Anhieb finden, hilft ein Blick ins Handbuch des Routerherstellers.

3. Überschreiben Sie das Standardkennwort mit einem neuem individuellen Kennwort und speichern Sie die Einstellungen. Ab sofort ist der Zugriff auf das Konfigurationsmenü nur noch mit dem neuen Kennwort möglich.

Das optimale Kennwort

Passwörter bieten einen guten Schutz vor unbefugtem Zugriff auf das Konfigurationsmenü. Allerdings nur, wenn sie gut gewählt sind. Es gibt gute und schlechte Kennwörter.

Dabei ist es wichtig, dass das Kennwort nicht leicht zu erraten ist. Genau das ist oft das Problem bei selbst gewählten Passwörtern. Oft kommt kurzerhand der Name des Partners, des Hundes oder das eigene Geburtsdatum (z. B. „01031970") zum Einsatz. Das ist zwar einfach zu merken, macht es aber auch Hackern leicht. Erfahrene Hacker erraten derart simpel gestrickte Kennwörter in Windeseile.

So geht's:

Je komplizierter das Kennwort, umso schwieriger machen Sie es potenziellen Angreifern. Dabei reicht es oft, ein einfaches Kennwort mit wenigen Mitteln komplexer zu machen. Ein simples „Schneewittchen" lässt sich durch geschickte Groß- und Kleinschreibung optimieren, zum Beispiel in der Form „schnEEwittChen".

Noch wirksamer ist das Ersetzen einzelner Buchstaben durch Ziffern oder Sonderzeichen – etwa „schn@@wittch3n" – oder das Ergänzen von Ziffern, zum Beispiel „schnee2007wittchen".

Noch besser sind Kennwörter, die nicht im Duden oder anderen Wörterbüchern stehen. Oft probieren Hacker per „Wörterbuchattacke" einfach alle bekannten Wörter durch und erlangen so Zugriff. Komplizierte Zufallskombinationen merken Sie sich am besten mit einem Hilfssatz. Aus „Heute werde ich eine leckere Currywurst essen" wird dann das Kennwort „HwielCe" – das findet sich garantiert in keinem Wörterbuch.

Schritt 2: Verschlüsselung nutzen

Die wichtigste Schutzmaßnahme ist das Verschlüsseln des gesamten Netzwerkverkehrs.

Das Aktivieren der Verschlüsselung erfolgt in zwei Schritten: Zunächst schalten Sie am WLAN-Router die Verschlüsselung ein und wählen das Verschlüsselungskennwort. Anschließend müssen Sie bei jedem WLAN-Endgerät – wie WLAN-Notebook und PDA – dieselbe Verschlüsselungstechnik aktivieren und auch dasselbe Kennwort eintragen. Erst dann kommunizieren die Geräte in der gewählten Geheimsprache.

Verschlüsselung am Router aktivieren

So geht's:

Im ersten Schritt schalten Sie im WLAN-Router – ihrer Funkzentrale im WLAN – die Verschlüsselung ein. Folgende Schritte sind hierzu notwendig:

1. Öffnen Sie den Internetbrowser und geben Sie die Adresse des WLAN-Routers ein, zum Beispiel 192.168.0.1. Unter welcher Adresse Ihr Router zu erreichen ist, erfahren Sie im Handbuch.

2. Wechseln Sie im Konfigurationsmenü in den Bereich zum Einstellen der Verschlüsselung. Die genaue Menübezeichnung ist leider von Hersteller zu Hersteller unterschiedlich. Bei den weitverbreiteten Modellen Fritz!Box von AVM finden Sie den Bereich unter *Einstellungen | WLAN | Sicherheit*.

3. Bei den meisten Geräten haben Sie die Wahl zwischen zwei verschiedenen Verschlüsselungsmechanismen: WEP und WPA.

WEP (Wired Equivalent Privacy) ist die ältere und weniger sicherere der beiden Varianten. WEP verschlüsselt die Daten zwischen Sender und Empfänger mit einem 64 oder 128 Zeichen (bei modernen Geräten auch 256 Zeichen) langen digitalen Schlüssel. Mit genügend technischem Aufwand ist die WEP-Verschlüsselung allerdings innerhalb weniger Minuten geknackt.

WPA (Wi-Fi Protected Access) bzw. die moderne Variante **WPA2** gilt als derzeit sicherste Verschlüsselungstechnik. Zwar ist auch WPA nicht unknackbar, der notwendige technische Aufwand ist aber wesentlich größer. WPA bzw. WPA2 ist die empfohlene Verschlüsselungstechnik für alle WLANs.

Wichtig bei der Auswahl der richtigen Verschlüsselung: Alle Geräte im WLAN müssen die gewählte Technik auch unterstützen. Wenn Sie sich für die empfohlene Variante WPA entscheiden, sollten Sie kurz prüfen, ob alle WLAN-Geräte wie das Notebook ebenfalls WPA-fähig sind. Gerade exotische Geräte wie WLAN-Internettelefone und PDAs kennen oft nur den veralteten WEP-Standard. Wenn auch nur ein Gerät lediglich WEP unterstützt, müssen Sie im gesamten Netzwerk WEP wählen – auch wenn ein Großteil Ihrer Geräte das bessere WPA versteht.

4. Wenn Sie sich für WEP entscheiden, wählen Sie zunächst die Schlüssellänge. Ideal sind 128 Bit oder – falls verfügbar – 256 Bit. Je länger der Schlüssel, umso schwieriger machen Sie es potenziellen Angreifern. Leider bieten einige WLAN-Endgeräte nur eine 64-Bit-Verschlüsselung an, in diesem Fall müssen Sie im gesamten Netzwerk auf die 64-Bit-Variante zurückgreifen. Es gilt das Prinzip des schwächsten Gliedes in der Kette.
Geben Sie anschließend ein Kennwort ein, bestehend aus den Ziffern 0 bis 9 und den Buchstaben von A bis F. Das Kennwort muss dabei genau zehn Zeichen (64 Bit) oder 26 Zeichen (128 Bit) lang sein. Viele Geräte unterstützen Sie bei der Kennworteingabe und

Achtung

Hauptsache verschlüsselt

Auch wenn WEP nur wenig Schutz bietet und auch WPA von findigen Hackern geknackt werden kann, gilt: Ein schlechter Schutz ist immer noch besser als gar keiner. Trotz der Sicherheitslücken sollten Sie eine der beiden Verschlüsselungen nutzen, am besten WPA. Das schreckt zumindest Gelegenheitshacker ab.

3 4 2 4 3 2 4 3 24 3 24 44 5 44 4 44 4 44 4 4 4

4 5 4 5 4

4 4 4 4 4 4 4 44 4 4 44 4 4 4 4 4 4 4 4 4 4 4 4 4 4 4 4 4 4 4 4 4 4 4 4 4 4 4 4 4 4 4 4 4 4 4 4 4 4 4 4 4 4 4 4 4 4 4 4 4 4 4 4 4 4 4 4 4 4 4 4 4 4 4 4 4 4 4 4 4

bieten ein eigenes Eingabefeld an. Hier können Sie ein beliebiges Passwort eingeben und der Router generiert daraus ein passendes, zehn bzw. 26 Zeichen langes Kennwort.

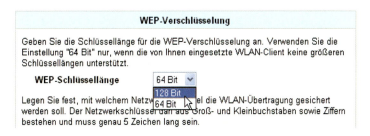

Ganz wichtig: Merken oder notieren Sie sich die Zeichenkette! Das ist praktisch der Schlüssel, den alle Geräte zur Kommunikation untereinander verwenden. Sie brauchen ihn später bei der Einrichtung der WLAN-Endgeräte.

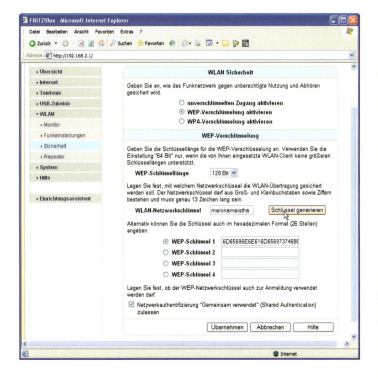

5. Wenn Sie sich für die WPA-Verschlüsselung entscheiden, haben Sie bei einigen Geräten zunächst die Wahl zwischen WPA (TKIP WPA, Temporal Key Integration Protocol) oder der modernen Variante WPA2 (AES WPA2, Advanced Encryption Standard). Auch hier gilt

Info

Alte WLAN-Geräte fit machen für WPA

Einige ältere WLAN-Geräte, die bislang nur WEP erlauben, lassen sich mit Hilfe eines Firmwareupdates auf das moderne WPA-Verfahren umstellen. Dabei wird die interne Systemsoftware des Gerätes durch eine moderne Version ersetzt. Wie Sie bei WLAN-Routern ein Firmwareupdate durchführen, erfahren Sie im Abschnitt *Firmware aktualisieren* (→ Seite 71).

Bei der WEP-Verschlüsselung generieren Sie im Router einen zehn bzw. 26 Zeichen langen Netzwerkschlüssel.

das Prinzip des schwächsten Gliedes in der Kette: Die bevorzugte Variante WPA2 können Sie nur nutzen, wenn auch alle Endgeräte WPA2 verstehen.

Geben Sie in das Kennwortfeld ein beliebiges Passwort zwischen acht und 63 Zeichen ein – je länger, desto besser. Beachten Sie dabei die Hinweise zu sicheren Kennwörtern im Abschnitt *Das optimale Kennwort* (→ Seite 54). WPA gilt als besonders sicher, wenn das Kennwort mindestens 20 Zeichen lang ist und keine Wörter des normalen Sprachgebrauchs enthält.

WPA gilt auch deshalb als sehr sicher, da es in bestimmten Abständen – etwa alle fünf Minuten – das Kennwort selbstständig ändert. Sender und Empfänger einigen sich dabei immer wieder auf ein neues Kennwort. Das macht Hackern das Eindringen in das Netzwerk zwar noch immer nicht unmöglich, es wird dadurch aber erheblich erschwert. Bei vielen WLAN-Routern können Sie selbst festlegen, in welchem Intervall der Schlüsseltausch erfolgen soll. Ideal sind Werte unter fünf Minuten (300 Sekunden).

Ganz wichtig: Merken oder notieren Sie sich das eingegebene WPA-Kennwort! Sie brauchen es später bei der Einrichtung der anderen WLAN-Endgeräte.

Bei der Verschlüsselungstechnik WPA wählen Sie ein (möglichst langes) Kennwort sowie das Wechselintervall.

Sobald Sie am Router die Verschlüsselung aktiviert und die Einstellungen gespeichert haben, ist Ihr WLAN bereits sehr gut vor Hackerangriffen geschützt. Allerdings sind zunächst auch Ihre eigenen WLAN-Geräte vom Netz ausgeschlossen.

Verschlüsselung an WLAN-Endgeräten einschalten

Sie müssen jetzt noch allen angeschlossenen WLAN-Geräten die neue Verschlüsselung und den richtigen Netzwerkschlüssel mitteilen – so wie Sie beim Einbau eines neuen Schlosses an der Haustür allen zutrittsberechtigten Personen einen neuen Hausschlüssel geben.

So geht's:

Damit auch die Endgeräte die neu gewählte Geheimsprache verstehen, müssen Sie jedem WLAN-Gerät im Netz das zuvor gewählte Kennwort mitteilen. Bei den meisten Geräten geht das sehr einfach:

1. Starten Sie das WLAN-Gerät, zum Beispiel das WLAN-Notebook.
2. Das WLAN-Gerät versucht zunächst wie gewohnt, eine WLAN-Verbindung aufzubauen. Aufgrund der neu eingestellten Verschlüsselung beim Router ist das aber nicht mehr möglich. Viele Geräte erkennen automatisch, um welche Art der Verschlüsselung (WEP oder WPA) es sich handelt und fragen nach dem jeweiligen Kennwort. Geben Sie das Kennwort, das Sie bereits am Router eingegeben haben, in das Eingabefeld ein. Sofern sich keine Tippfehler eingeschlichen haben, können Sie sofort weiterarbeiten – jetzt aber sicher verschlüsselt.

3. Sollte das Abfragefenster nicht erscheinen, können Sie den Schlüssel auch direkt in das Konfigurationsfenster der WLAN-Netzwerkkarte eintragen. Hierzu öffnen Sie die Systemsteuerung (*Start | Systemsteuerung*) und klicken auf *Netzwerk- und Internetverbindungen* sowie auf *Netzwerkverbindungen*. Falls Sie Windows umkonfiguriert haben und die klassische Ansicht der System-

steuerung verwenden, klicken Sie in der Systemsteuerung direkt doppelt auf *Netzwerkverbindungen*.

4. Markieren Sie die *Drahtlose Netzwerkverbindung* und klicken Sie links auf *Einstellungen dieser Verbindung ändern*.
5. Wechseln Sie in das Register *Drahtlosnetzwerke*.
6. Markieren Sie im Bereich *Bevorzugte Netzwerke* Ihr eigenes WLAN und klicken Sie auf *Eigenschaften*.

7. Im folgenden Dialogfenster nehmen Sie die Einstellungen für die Verschlüsselung vor.

Bei der WEP-Verschlüsselung wählen Sie im Feld *Netzwerkauthentifizierung* den Eintrag *Offen* und im Feld *Datenverschlüsselung* den Eintrag *WEP*.

Wenn Sie am Router die WPA-Verschlüsselung aktiviert haben, wählen Sie im Feld *Netzwerkauthentifizierung* den Eintrag *WPA-PSK* und im Feld *Datenverschlüsselung* die Option *TKIP*.

8. Tragen Sie in die unteren Felder den jeweiligen Netzwerkschlüssel ein, den Sie sich bei der Kennwortvergabe beim Einrichten des Routers gemerkt bzw. notiert haben. Bei WEP müssen Sie gegebenenfalls zuvor das Kontrollkästchen *Schlüssel wird automatisch bereitgestellt* deaktivieren.
9. Bestätigen Sie die Dialogfenster mit *OK*.

Sofern Sie alles korrekt eingegeben haben, können Sie die – jetzt verschlüsselte – Netzwerkverbindung sofort nutzen. Wiederholen Sie den Vorgang bei allen WLAN-Geräten in Ihrem Netzwerk.

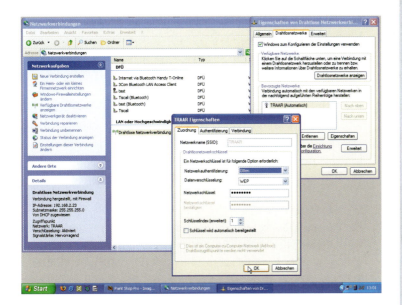

Jedem WLAN-Endgerät teilen Sie das Kennwort für die Verschlüsselung mit.

Schritt 3: Netzwerknamen ändern und verbergen

Jedes WLAN verfügt über einen internen Namen, den alle WLAN-Geräte für die Verbindung mit dem Netzwerk verwenden. Normalerweise sendet jede Funkstation den Netzwerknamen praktisch rund um die Uhr an alle erreichbaren Geräte. Wie mit einem Megafon ruft es „Hier ist das Funknetz mit dem Namen WLAN".

Für Angreifer ist das eine willkommene Arbeitserleichterung, sie brauchen nicht erst den Namen des WLANs herauszufinden, sondern bekommen es auf einem silbernen Tablett serviert.

So geht's:

Machen Sie es potenziellen Angreifern nicht so einfach. Verbergen Sie den Namen Ihres WLANs. Im gleichen Zug sollten Sie auch den vom Hersteller vergebenen Standardnamen ändern. Das geht ganz einfach über das Konfigurationsmenü des WLAN-Routers:

1. Öffnen Sie das Konfigurationsmenü des WLAN-Routers, indem Sie im Internetbrowser die Adresse des Routers eingeben, etwa 192.168.0.1. Die genaue Adresse Ihres Routers erfahren Sie im Handbuch.

- Übersicht
- Internet
- Telefonie
- USB-Zubehör
- WLAN
  - Monitor
  - **Funkeinstellungen**
  - Sicherheit

2. Wechseln Sie in das Untermenü zur Konfiguration des WLAN-Netzwerks. Die genaue Menübezeichnung ist dabei von Hersteller zu Hersteller verschieden. Bei den weitverbreiteten Modellen der Firma AVM finden Sie die Einstellungen im Menü *Einstellungen | WLAN | Funkeinstellungen*.

3. Hier finden Sie den Namen Ihres Funknetzwerks, auch SSID (Service Set ID) genannt. Der vorinstallierte Name lautet zumeist *WLAN, W-LAN, Funknetz* oder *Wireless*.

   Überschreiben Sie den vom Hersteller vorgegebenen Standardnamen mit einem individuellen Namen. Wählen Sie möglichst eine zufällige Zahlen- und Buchstabenfolge, zum Beispiel „NW06MMN22".

4. Bei den meisten Routern können Sie zudem die SSID, den Netzwerknamen verstecken. Die Option hierzu lautet meist *Broadcast des Netzwerknamens erlauben/unterdrücken (SSID)* oder *Name des Funknetzes (SSID) bekannt geben/unterdrücken*. Um das Funknetz sicherer zu machen, deaktivieren Sie das Aussenden des Netzwerknamens. Ihr Funknetz ist damit unsichtbar. Das WLAN kann man dann nur sehen, wenn man weiß, wie es heißt.

   ☐ Name des Funknetzes (SSID) bekannt geben

Speichern Sie die Einstellungen und schließen Sie das Konfigurationsmenü wieder. Vergessen Sie nicht, die Änderungen auch den WLAN-Clients mitzuteilen, da die Clients mitunter noch weiter nach dem WLAN mit dem alten Namen suchen.

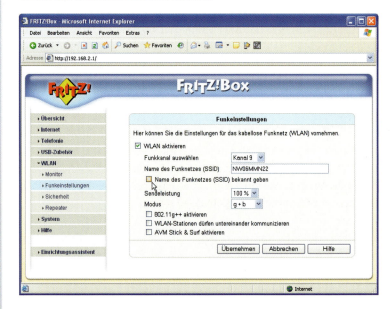

Info

Probleme ohne Namen?

Einige WLAN-Netzwerkkarten bereiten Probleme, wenn der Router den Netzwerknamen nicht aussendet. Insbesondere ältere Netzwerkkarten lassen sich nur mit Routern verbinden, die auch die SSID im WLAN verteilen. Sollte Ihr WLAN-Notebook das Netzwerk nicht mehr finden, schalten Sie die Aussendung des Netzwerknamens wieder ein.

Ein individueller Netzwerkname sowie das Verstecken der SSID machen das WLAN noch sicherer.

Änderungen in den Clients übernehmen

Wenn Sie den Netzwerknamen ändern, müssen Sie den neuen Namen auch den angeschlossenen WLAN-Geräten mitteilen.

So geht's:

Bei den meisten Geräten wie WLAN-Notebooks müssen Sie hierzu die alte Verbindung entfernen und eine neue Verbindung aufbauen:

1. Öffnen Sie im WLAN-Notebook die Liste der Netzwerkverbindungen, indem Sie die Systemsteuerung öffnen (*Start | Systemsteuerung*) und auf *Netzwerk- und Internetverbindungen* sowie *Netzwerkverbindungen* klicken.
   Falls Sie Windows umkonfiguriert haben und die klassische Ansicht der Systemsteuerung verwenden, klicken Sie in der Systemsteuerung direkt doppelt auf *Netzwerkverbindungen*.

2. Markieren Sie *Drahtlosverbindung* und klicken Sie auf *Einstellungen dieser Verbindung ändern*.
3. Wechseln Sie in das Register *Drahtlosnetzwerke*.
4. Sollte in der Liste der bevorzugten Netzwerke noch das WLAN mit dem alten Namen stehen, entfernen Sie es zunächst aus der Liste. Klicken Sie anschließend auf *Hinzufügen*.
5. Im folgenden Dialogfenster geben Sie zunächst den neuen *Netzwerknamen* ein. Achten Sie dabei auf die korrekte Schreibweise inklusive Groß- und Kleinschreibung.
6. Stellen Sie im unteren Teil des Dialogfensters die Einstellungen für die Verschlüsselung ein. Hierzu gehören die Art der Verschlüsselung sowie der zugehörige Netzwerkschlüssel.
7. Schließen Sie die Dialogfenster mit *OK*.

Der WLAN-Computer baut daraufhin eine neue Verbindung zum WLAN – jetzt mit neuem Namen – auf. Wiederholen Sie den Vorgang bei allen angeschlossenen WLAN-Computern.

Wenn Sie den Namen Ihres WLANs ändern, müssen auch alle angeschlossenen WLAN-Computer darüber informiert werden.

Schritt 4: Nur eigene PCs zulassen

Sehr wirksam gegen das Eindringen von Fremden ins eigene WLAN ist die penible Kontrolle, welche Computer eigentlich rein dürfen und welche nicht. Das Prinzip ist einfach: Fast jeder Router kann eine Liste zugelassener Computer führen, auch Access Control List oder kurz ACL genannt. Damit legen Sie eine Positivliste fest und tragen dort nur die Endgeräte ein, die in Ihrem Netz erwünscht sind, etwa Ihr WLAN-Notebook und der PDA – und sonst keiner.

Mit der Positivliste stellen Sie am Router einen digitalen Türsteher auf: Jeder, der in das Netzwerk möchte, wird zunächst auf seine Identität überprüft. Nur „Clubmitglieder" kommen durch.

Computer verfügen zwar nicht über einen Personalausweis, aber etwas Ähnliches: Jede Netzwerkkarte besitzt eine weltweit einmalige MAC-Adresse. Der virtuelle Türsteher überprüft zuerst, ob die MAC-Adresse des Gastes auf der Einladungsliste der willkommenen Besucher steht. Nur wenn die Personalausweisnummer, sprich: die MAC-Adresse (Media-Access-Control-Adresse), in der Access Control List aufgeführt ist, darf der Computer das WLAN betreten. Alle anderen müssen draußen bleiben.

Achtung

MAC-Adresse fälschen

Wie im richtigen Leben lassen sich mit genügend krimineller Energie auch die virtuellen „PC-Personalausweise" fälschen. Hacker verwenden dabei eine spezielle Software, um dem WLAN-Router eine zugelassene MAC-Adresse vorzutäuschen. Dafür ist viel technisches Know-how erforderlich. Die Wahrscheinlichkeit, dass die MAC-Adresse Ihres Rechners gefälscht wird, ist also relativ gering – Sie sollten aber dennoch nicht auf die Erstellung einer Positivliste verzichten.

MAC-Adresse herausfinden

Wichtig beim Aufbau einer Positivliste zugelassener Computer ist die MAC-Adresse. Jede Netzwerkkarte verfügt über eine weltweit einmalige MAC-Adresse.

Sie finden sie zumeist auf einem kleinen Aufkleber auf der Netzwerkkarte, dem Notebook oder dem PDA. Die MAC-Adresse ist immer zwölfstellig und besteht aus Buchstaben und Ziffern, beispielsweise in der Form *MAC: 00 04 23 65 59 B7*.

So geht's:

Sie können die MAC-Adresse auch über das Betriebssystem heraus-finden:

1. Klicken Sie auf *Start* und wählen Sie den Befehl Alle *Programme | Zubehör | Eingabeaufforderung*.
2. Geben Sie den Befehl

> *ipconfig /all*

ein und bestätigen Sie mit der Return-Taste (Eingabe-Taste).
3. Windows listet eine Vielzahl von Informationen über die Netz-werkkarte auf. In der Zeile *Physikalische Adresse* ist die MAC-Adresse aufgeführt.
4. Notieren Sie sich die MAC-Adresse, um sie später in die Liste der zugelassenen Adressen eintragen zu können.

Falls mehrere Netzwerkkarten installiert sind, achten Sie darauf, die MAC-Adresse der WLAN-Netzwerkkarte und nicht etwa der normalen „Kabel"-Netzwerkkarte zu notieren. Zumeist erkennen Sie die WLAN-Karte an den Begriffen *Wireless* oder *WLAN* in der Zeile *Beschreibung*.

```
Eingabeaufforderung                                                    _ □ x
         Hostname. . . . . . . . . . . . . : Bellbird
         Primäres DNS-Suffix . . . . . . . :
         Knotentyp . . . . . . . . . . . . : Hybrid
         IP-Routing aktiviert. . . . . . . : Nein
         WINS-Proxy aktiviert. . . . . . . : Nein

Ethernetadapter Drahtlose Netzwerkverbindung:

         Verbindungsspezifisches DNS-Suffix:
         Beschreibung. . . . . . . . . . . : Intel(R) PRO/Wireless LAN 2100 3A Mi
ni PCI Adapter
         Physikalische Adresse . . . . . . : 00-04-23-65-59-B7
         DHCP aktiviert. . . . . . . . . . : Ja
         Autokonfiguration aktiviert . . . : Ja
         IP-Adresse. . . . . . . . . . . . : 192.168.2.23
         Subnetzmaske. . . . . . . . . . . : 255.255.255.0
         Standardgateway . . . . . . . . . : 192.168.2.1
         DHCP-Server . . . . . . . . . . . : 192.168.2.1
         DNS-Server. . . . . . . . . . . . : 192.168.2.1
         Lease erhalten. . . . . . . . . . : Samstag, 26. August 2006 09:09:59
         Lease läuft ab. . . . . . . . . . : Dienstag, 5. September 2006 09:09:59
C:\>
```

Über die Eingabeauffor-derung von Windows erfahren Sie die MAC-Adresse der WLAN-Netz-werkkarte bei *Physika-lische Adresse*.

Bei einem Apple-Computer öffnen Sie zunächst die *Systemeinstellun-gen* und anschließend *Netzwerk*. Wählen Sie mit einem Doppelklick das Register *AirPort* aus. Unterhalb der Register steht die MAC-Adres-se der AirPort-Karte. Beim Betriebssystem Linux verwenden Sie den Befehl *ifconfig*, um die MAC-Adresse einzublenden.

Positivliste führen

Nachdem Sie von allen eigenen WLAN-fähigen Computern, die Sie im Funknetz betreiben möchten, die MAC-Adressen notiert haben, kön-nen Sie diese in die Positivliste des WLAN-Routers eintragen.

Die Verwaltung der Positivliste erfolgt über das Konfigurationsmenü des Routers:

1. Starten Sie den Internetbrowser und geben Sie die Adresse Ihres WLAN-Routers ein, etwa 192.168.0.1. Ein Blick ins Handbuch verrät, über welche Adresse das Konfigurationsmenü Ihres Routers erreichbar ist.

2. Im Konfigurationsbereich finden Sie zumeist im Bereich *Sicherheit* die Zugriffskontrolle, auch *Access Control List (ALC)*, *MAC-Filtertabelle* oder *MAC-Adressfilter* genannt. Die genaue Bezeichnung kann je nach Routermodell unterschiedlich lauten. Aktivieren Sie hier die Zugriffskontrolle.

3. Tragen Sie in die Filterliste alle MAC-Adressen der Computer ein, die in Ihrem Netzwerk zugelassen sein sollen. Achten Sie dabei auf die exakte Schreibweise. Die Groß- und Kleinschreibung spielt dabei keine Rolle. Üblicherweise werden die MAC-Adressen aber durchgehend großgeschrieben.

4. Sobald alle MAC-Adressen eingetragen sind, speichern Sie die Einstellungen und schließen das Konfigurationsfenster.

Ab sofort dürfen nur noch Geräte, deren MAC-Adressen in der Filtertabelle aufgeführt sind, das Netzwerk betreten. Alle anderen weist der Router kategorisch zurück.

Nur Computer mit der in der Filtertabelle eingetragenen MAC-Adresse haben Zutritt zum eigenen Netzwerk.

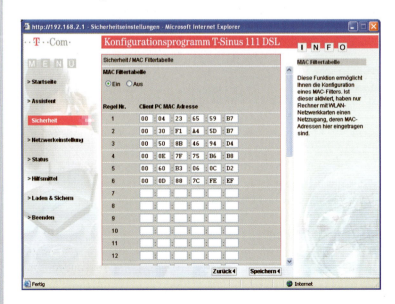

Sollte einer Ihrer eigenen PCs nach der Aktivierung der Filtertabelle keinen Zugriff mehr haben, überprüfen Sie noch einmal die exakte Schreibweise in der Filtertabelle – hier schleichen sich gerne Tippfehler oder Buchstabendreher ein.

Zugegeben: Das Sammeln und Eintragen der MAC-Adressen ist zeitaufwendig. Einmal eingerichtet, sorgt die Positivliste aber für einen wirksamen Schutz vor Angreifern.

Besonders praktisch und einfach ist die Pflege der Liste bei WLAN-Geräten der Firma AVM. Hier bleibt Ihnen das manuelle Notieren und Eintragen der MAC-Adresse erspart. Der Trick: Sie müssen lediglich einmal alle Geräte, die Sie im WLAN nutzen möchten, einschalten und mit dem Router verbinden. Danach teilen Sie dem Router

mit, in Zukunft nur noch die zurzeit angemeldeten Geräte und keine weiteren zuzulassen. Der Router speichert dann die MAC-Adressen der derzeit eingeschalteten Geräte automatisch in der Filterliste und aktiviert den Zugriffsschutz.

Wer ist gerade im Netz?

Falls Sie einmal den Verdacht haben, ein fremder Computer schnüffele in Ihrem WLAN herum, können Sie dem Übeltäter recht einfach auf die Schliche kommen. Viele Router führen ein Logbuch über alle Netzwerkaktivitäten. Dazu gehören auch alle Versuche, sich mit Ihrem Netzwerk zu verbinden.

Bei den meisten Routern finden Sie im Konfigurationsmenü im Bereich *Status* oder *Übersicht* eine Liste aller Geräte, die zurzeit mit Ihrem WLAN verbunden sind oder in der Vergangenheit verbunden waren – inklusive Name, IP-Adresse und MAC-Adresse.

Im Bereich *Ereignisse* oder *Logs* führen die meisten Router zudem genau Buch über alle wichtigen Netzwerkereignisse. Hier erkennen Sie genau, welcher Computer sich wann bei Ihrem Netzwerk angemeldet hat.

Der Blick ins Logbuch verhindert zwar keine Angriffe, gibt aber zumindest Aufschluss darüber, ob und wann es jemand versucht hat.

Im digitalen Logbuch vermerken die meisten Router, welche Geräte sich an- und abgemeldet haben.

Weitere Tipps für sichere WLANs

Mit den genannten Maßnahmen ist Ihr WLAN bereits sehr sicher. Ein gewisses Restrisiko bleibt aber weiterhin. Einen hundertprozentigen Schutz gewähren auch Verschlüsselungen und MAC-Filterlisten nicht. Die Situation ist vergleichbar mit einem gut gesicherten Haus: Mit genügend krimineller Energie, entsprechend aufwendiger Aufrüstung und ausreichend Zeit kommen Angreifer immer hinein – ins Haus wie ins WLAN.

Wichtig ist dabei, es potenziellen Angreifern so schwer wie möglich zu machen und ihnen möglichst viele Hürden in den Weg zu stellen. Ein Großteil der Angreifer resigniert dann und sucht sich andere, leichtere Ziele.

Wer sein WLAN noch sicherer machen möchte, kann noch weitere Schutzschilde aktivieren. Dazu gehört beispielsweise das gezielte Ausschalten des Routers.

Router ausschalten
Die meisten WLAN-Router sind rund um die Uhr erreichbar. Auch dann, wenn Sie den eigenen PC gar nicht nutzen oder nicht im Haus sind.

Wenn Sie Ihren Computer herunterfahren, schalten Sie auch den Router aus. Ihr WLAN ist damit definitiv vor Missbrauch geschützt. Zudem sparen Sie Energie.

Besonders praktisch: Bei einigen Routern können Sie per Schalter nur die WLAN-Funktion aus- und wieder einschalten – die restlichen Gerätefunktionen bleiben aktiviert. Noch komfortabler ist die automatische Nachtabschaltung einiger Geräte. Bestimmen Sie genau, zu welchen Zeiten – etwa von 23:00 Uhr bis 07:00 Uhr – das WLAN deaktiviert werden soll.

Alternativ können Sie den Router auch an eine abschaltbare Steckdose anschließen und ihn darüber ein- und wieder ausschalten. Gegen ein ausgeschaltetes WLAN hat auch der beste Hacker keine Chance.

Einige WLAN-Router verfügen über eine praktische Nachtschaltung, die zu bestimmten Uhrzeiten das Funknetz deaktiviert.

Reichweite verringern

Die Funksignale im WLAN machen nicht an den Außenwänden der Wohnung halt. Das ist einerseits praktisch, um auch im Garten oder auf dem Balkon Wireless LAN zu nutzen, allerdings kann auch jeder außerhalb der Wohnung die Signale empfangen.

Verringern Sie die Sendeleistung und damit den Empfangsbereich der Geräte. Wenn Sie lediglich im Nachbarzimmer oder sogar im gleichen

Raum WLAN benutzen, reicht oft die Hälfte oder ein Viertel der ursprünglichen Sendeleistung.

Die Reduzierung der Sendeleistung nehmen Sie bei den meisten WLAN-Routern im Konfigurationsmenü im Bereich *Einstellungen* oder *Funkeinstellungen* vor. Probieren Sie verschiedene Einstellungen aus – vielleicht reicht ja eine Leistung von 25 Prozent aus, um auch im Wohnzimmer noch bequem per WLAN zu surfen.

Die Reduzierung der Sendeleistung verringert auch die Gefahr, dass Fremde Ihr WLAN entdecken.

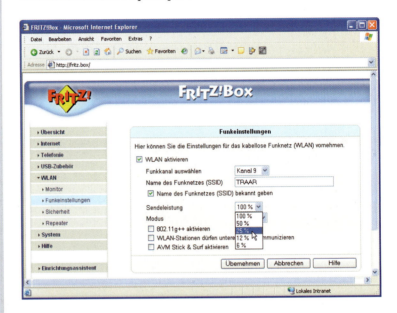

Firewallfunktionen nutzen

Viele Hersteller statten ihre Router mit einer Firewall aus, die das eigene Netzwerk gegen Angriffe von außen schützt. Wie komplex die Firewall ist, hängt vom jeweiligen Routermodell ab.

Bei vielen Modellen lassen sich alle Ports („Tore" für Netzwerkverbindungen) schließen, bis auf jene, die für das Surfen (Port 80 und Port 8080) und den E-Mail-Verkehr (Port 110 und Port 143) benötigt werden.

Sinnvoll ist auch das Abweisen von Pinganfragen. Mit einem Ping kann jemand von außen eine Anfrage an Ihren Router schicken, um zu prüfen, ob tatsächlich ein Gerät dahintersteckt. Durch das Echo kann ein Hacker einen gezielten Angriff auf den Router starten. Bei vielen Firewalls lassen sich Pinganfragen blockieren. Der Router reagiert dann nicht auf die Anfrage und sendet kein Echo zurück.

Die Konfiguration der Firewalls ist von Hersteller zu Hersteller unterschiedlich. Bei den meisten Modellen finden Sie die Firewall-

Info

Kein Ersatz für „echte" Firewalls

Die in WLAN-Routern integrierten Firewalls bieten zwar einen gewissen Grundschutz, sind aber kein Ersatz für eine „echte" Firewall auf dem PC. Aus Sicherheitsgründen sollte auf jedem angeschlossenen PC eine eigene Firewall installiert sein.

einstellungen im Konfigurationsmenü im Bereich *Firewall, Advanced* oder *Security*.

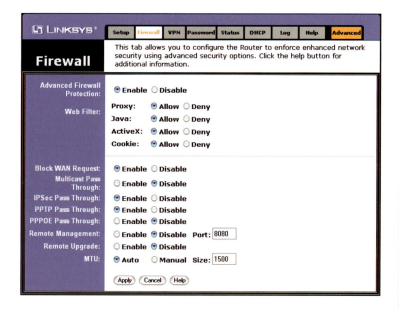

Viele Router bieten eingebaute Firewall-funktionen.

Firmware aktualisieren

WLAN-Router sind eigentlich kleine Computer, inklusive Prozessor, Arbeitsspeicher und dem Betriebssystem, der Firmware. Wie bei den Betriebssystemen Windows, Linux und Mac OS schleichen sich auch in der Firmware des Routers Fehler ein – teils mit der Folge, dass vermeintliche Sicherheitsfunktionen keine oder nur unzureichende Schutzfunktion bieten.

So geht's:

Was für Windows, Linux und Mac OS gilt, sollten Sie daher auch bei der Firmware des Routers beherzigen: Aktualisieren Sie in regelmäßigen Abständen die Sicherheitsupdates der Hersteller. Die Vorgehensweise ist bei fast allen Routern ähnlich.

1. Besuchen Sie zunächst die Webseite des Routerherstellers.
2. Wechseln Sie in den Support-, Kundendienst- oder Downloadbereich. Die Supportadressen der wichtigsten Routerhersteller lauten:

Hersteller	Supportadresse
3com	www.3com.de/support/
D-Link	www.d-link.de (Bereich *Technischer Support*)
AVM	www.avm.de/de/Download/
Linksys	www.linksys.de (Bereich *Support/Downloads*)
Netgear	www.netgear.de/de/Support/download. html

3. Auf den Downloadseiten wählen Sie zunächst Ihr Routermodell aus und dann die Kategorie *Firmware*.

4. Zumeist erscheint anschließend eine Liste der verfügbaren Firmwareversionen. Wählen Sie die neueste Version aus und laden Sie sie herunter. Oft erhalten Sie hier auch Informationen über neue Funktionen oder die behobenen Fehler in der Firmware.

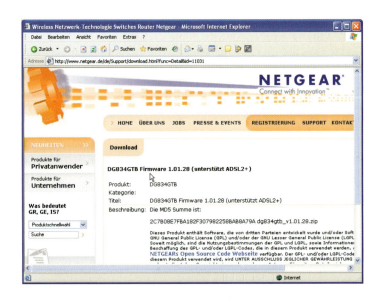

Auf den Downloadseiten der Hersteller finden Sie stets die neueste Firmware für Ihren WLAN-Router.

5. Im nächsten Schritt müssen Sie die heruntergeladene Firmware in den Router laden. Hierzu starten Sie den Internetbrowser und öffnen die Konfigurationsoberfläche des Routers.

6. Wechseln Sie im Konfigurationsmenü in den Bereich zur Aktualisierung der Firmware. Zumeist finden Sie ihn im Menü *Einstellungen*, *System* oder *Update*.

Die genaue Vorgehensweise zum Aufspielen der neuen Firmwareversion ist von Router zu Router unterschiedlich. Bei den meisten Modellen geben Sie im Konfigurationsmenü den Pfad zur neuen Firmwaredatei an. Der Router lädt daraufhin die Firmware in seinen Speicher und aktualisiert das Gerät.

Einige Geräte – etwa die Fritz!Box von AVM – besitzen eine automatische Updatefunktion. Hier bleibt Ihnen das manuelle Herunterladen der Firmwaredatei erspart. Im Konfigurationsmenü können Sie per Knopfdruck prüfen, ob eine neue Firmwareversion vorliegt und diese mit einem weiteren Mausklick auch gleich installieren.

Wenn Sie die Ratschläge in diesem Kapitel befolgen, beißen sich die meisten Hacker an Ihrem WLAN die Zähne aus. Das Funknetz ist damit vor Angriffen „aus der Luft" sicher.

Kapitel 5

WLAN einrichten und absichern
Werkzeuge zum Absichern

Zusätzliche Werkzeuge zum Absichern

Sie haben alle Sicherheitsmaßnahmen aus den vorhergehenden Kapiteln umgesetzt? Sehr gut, dann sind Sie bestens gegen WLAN-Hacker und Datenschnüffler geschützt. Das ist allerdings noch kein Grund, die Füße hochzulegen. Jetzt geht es um die Daten, die innerhalb des Netzwerks die Runde machen. Gegen Bedrohungen wie Trojaner, Viren, Spyware und andere Datendiebe müssen Firewalls und ähnliche Tools ran. Die meisten Schutzprogramme erhalten Sie kostenlos aus dem Internet und sie lassen sich sehr einfach installieren.

Welche Gefahren drohen

Trotz Verschlüsselung, MAC-Adressfilter und anderer Sicherheitsfunktionen des WLAN-Routers können Angreifer einen Weg in Ihr Netzwerk finden. Und zwar nicht per Funk, sondern direkt aus dem DSL-Kabel, also aus dem Internet.

Je populärer das Internet wird, umso vielfältiger gestalten sich die Angriffe aus dem Netz. Die meisten Attacken erfolgen per E-Mail oder über manipulierte Webseiten. Über beide Wege versuchen Hacker, bösartige Software auf Ihren PC einzuschleusen. Die richtet dort dann Schaden an oder stibitzt persönliche Daten. Je nach krimineller Energie reicht die Bandbreite von einfachen Scherzen bis zum Löschen kompletter Festplatten. Die häufigsten Gefahren im Überblick:

- **Viren**
  Computerviren ähneln ihren biologischen Namensvettern. Dabei handelt es sich um kleine Programme, die sich im eigenen PC einnisten und Anwendungsprogramme und das Betriebssystem manipulieren oder unbrauchbar machen.

- **Trojaner**
  Besonders hinterhältig sind Trojanische Pferde – oder kurz: Trojaner. Ähnlich dem Vorbild aus der griechischen Mythologie tarnt sich ein Trojaner als nützliches Programm, im Hintergrund erfüllt es aber eine ganz andere Funktion: Oft späht ein Trojaner geheime Daten wie Passwörter oder PIN-Nummern aus und überträgt sie per Internet an seinen Programmierer.

- **Adware und Spyware**
  Diese Programme sind oft zwar nicht schädlich, aber lästig. Adware ist mit anderen Programmen wie kostenloser Shareware

oder Testversionen gekoppelt und installiert sich zusammen mit dem Hauptprogramm. Im Hintergrund sammelt die Adware dann Daten über das persönliche Surfverhalten. Adware wird daher auch oft Spyware (Spionsoftware) bezeichnet.

- **Phishing**

  Das Fischen nach Passwörtern – im Fachjargon Phishing genannt – lockt Anwender mit gefälschten E-Mails auf manipulierte Webseiten, um Passwörter, PIN- und Transaktionsnummern (TAN) zu ergaunern. Ziele von Phishing-Attacken sind neben PIN- und TAN-Nummern für das Onlinebanking auch die Zugangsdaten für bekannte Onlinedienste wie Amazon, Ebay und PayPal.

- **Spam**

  Früher oder später erwischt es jedes E-Mail-Postfach: Der Posteingang quillt über vor Spam, vor unverlangt zugesandtem Werbemüll. Der massenhafte Empfang von Werbemails ist zwar nicht gefährlich, aber überaus lästig.

Info

Nicht nur im WLAN

Viren, Trojaner und andere Gefahren drohen nicht nur im WLAN. Auch dann, wenn Sie kein WLAN verwenden und nur ein kabelgebundenes Netzwerk betreiben, gilt: Jeder Internet-PC ist von Phishing und schädlicher Software bedroht und sollte mit entsprechenden Schutzprogrammen ausgestattet sein.

Alle genannten Gefahren finden auch dann den Weg in Ihr Netzwerk, wenn Sie das WLAN per Verschlüsselung oder MAC-Adressfilter geschützt haben.

Sie können sich vor den Angriffen aus dem Internet aber schützen und Ihren PC sauber halten. Gegen jede Gefahr gibt es – oft sogar kostenlos – geeignete Schutzprogramme.

Info

Sicher mit eingeschränkten Benutzerkonten?

Das heimliche Installieren schädlicher Software können Sie verhindern, indem Sie in Windows ein Benutzerkonto mit eingeschränkten Rechten verwenden (*Start | Systemsteuerung | Benutzerkonten*) und nur mit diesem Konto im Internet surfen. Anderen Gefahren wie Viren oder Phishing sind Sie damit aber auch weiterhin ausgesetzt. Auch bei der Nutzung eingeschränkter Benutzerkonten empfiehlt sich die Installation zusätzlicher Schutzsoftware.

Die Installation der Schutzprogramme ist dringend empfohlen. Schutzlos im Internet surfen ist wie Autofahren ohne Sicherheitsgurt: Die Reise *kann* gut gehen, im Falle eines Falles sind die Folgen aber verheerend. Daher gehören Firewalls sowie Schutzprogramme gegen Viren und Spyware auf jeden Internet-PC – sicher ist sicher.

Sicherheitsupdates sind ein Muss

Die meisten Hacker konzentrieren sich bei ihren Angriffen auf Sicherheitslücken im Betriebssystem. Kein Betriebssystem – ob Windows, Linux oder Mac OS – ist perfekt. Das System selbst oder die installierten Programme enthalten Fehler, über die Angreifer gezielt in das System gelangen.

Windows ist bei Hackern besonders beliebt, da weltweit die meisten PCs damit ausgestattet sind und das Microsoft-Betriebssystem daher ein lohnendes Ziel ist. Bei den Betriebssystemen Linux oder Mac OS gibt es weit weniger Hackerangriffe. Nicht, weil es dort weniger Fehler gibt, sondern weil sich Hacker lieber auf das weitverbreitete Windows als auf die Alternativsysteme konzentrieren.

Zum Glück stellen die Hersteller regelmäßig Updates zur Verfügung, die bekannt gewordene Sicherheitslücken wieder schließen. Microsoft veröffentlicht beim Patch-Day jeden zweiten Dienstag im Monat Sicherheitsupdates für Windows. Bei besonders kritischen Lücken schiebt Microsoft auch mal einen Extra-Patch-Day nach. Auch für Linux und Mac OS erscheinen fast wöchentlich neue Updates, die kritische Sicherheitslücken stopfen.

So geht's:

Um gegenüber Hackern die Nase vorn zu haben, sollten Sie regelmäßig an den Patch-Days teilnehmen und die gefährlichsten Sicherheitslöcher so rasch wie möglich stopfen.

Bei Windows gibt es hierfür eine praktische automatische Updatefunktion, die das System vollautomatisch auf dem neuesten Stand hält:

1. Rufen Sie den Befehl *Start | Systemsteuerung* auf.
2. Klicken Sie auf *Sicherheitscenter*.
3. Klicken Sie auf *Automatische Updates*.
4. Im folgenden Fenster wählen Sie die Option *Automatisch (empfohlen)* sowie den gewünschten Zeitpunkt für die Aktualisierung.

Ab sofort sucht Windows regelmäßig nach wichtigen Updates und installiert sie auch automatisch. Gefährliche Sicherheitslöcher werden so ohne weiteres Zutun gestopft.

Dabei brauchen Sie sich übrigens keine Sorgen zu machen, falls Sie das eingetragene Intervall, etwa *Täglich* um *17:00 Uhr*, einmal verpassen. Versäumte Updates holt Windows automatisch nach, sobald Sie den PC das nächste Mal einschalten.

Mit dem automatischen Update halten Sie Windows stets auf dem neuesten Stand.

Optimaler Schutz per Firewall

Ob WLAN oder herkömmliches Netzwerk: Einer der wichtigsten Schutzschilde gegen direkte Angriffe aus dem Internet ist die Firewall. Ohne diesen Türsteher gleicht der PC einem Haus ohne Tür: Fremde und ungebetene Gäste können ungehindert eindringen, sich umschauen, Sachen mitnehmen oder mutwillig zerstören.

Die Firewall unterzieht dabei jedes einzelne Datenpaket aus dem Internet einer gründlichen Überprüfung. Sie untersucht dabei, ob sich nicht heimlich ein Stück schädlicher Software in den PC mogeln möchte oder ein direkter Angriff auf den PC stattfindet. Erst, wenn die Firewall grünes Licht gibt, gelangt das Datenpaket ins eigene Netz. Die Überprüfung geschieht erfreulicherweise so schnell, dass Sie davon kaum etwas bemerken.

Eingebaute Windows-Firewall

Besitzer von Windows XP (ab Service Pack 2) verfügen bereits über eine eingebaute Windows-Firewall. Sie gehört zwar nicht zu besten Firewalls auf dem Markt, bietet aber einen sehr guten Grundschutz vor Angriffen.

Nur, wenn die Windows-Firewall aktiviert ist, überwacht sie den gesamten Datenverkehr.

So geht's:

Die Windows-Firewall nützt allerdings nur, wenn sie auch eingeschaltet ist. Das können Sie leicht in der Systemsteuerung überprüfen:

1. Rufen Sie den Befehl *Start | Systemsteuerung* auf.
2. Klicken Sie auf *Sicherheitscenter*.
3. Klicken Sie auf *Windows-Firewall*.
4. Achten Sie darauf, dass im folgenden Dialogfenster die Option *Aktiv (empfohlen)* eingeschaltet ist. Erst dann ist die Firewall von Windows aktiviert und überwacht den ein- und ausgehenden Datenverkehr.

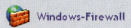 Windows-Firewall

Die Option *Aktiv* sorgt für einen wirksamen Schutz vor direkten Angriffen aus dem Internet. Alle anderen Einstellungen können Sie zunächst unverändert lassen.

Nur, wenn es mit einem neu installierten Programm Probleme gibt und sich damit keine Internetverbindung aufbauen lässt, müssen Sie eingreifen. Dann können Sie das Programm über die Registerkarte *Ausnahmen* zur Ausnahmenliste hinzufügen. Alle dort aufgeführten Programme erhalten praktisch eine Sondergenehmigung, um an der Firewall vorbeizukommen. Setzen Sie diese Notlösung aber nur sparsam und nur für Programme ein, denen Sie vertrauen.

Info

Firewall im Router und auf dem PC?

Viele WLAN-Router verfügen bereits über eine eigene Firewall, der Schutz beginnt bereits im Router. Stellt sich die Frage, ob dann überhaupt noch eine weitere Firewall im PC notwendig ist. Die Antwort lautet: Ja. Die Firewalls der meisten Router bieten nur einen rudimentären Schutz oder lediglich einzelne Schutzfunktionen wie das Unterbinden von Pinganfragen. Setzen Sie sicherheitshalber zusätzlich auf dem PC eine Softwarefirewall ein. Und zwar auf jedem PC im Netzwerk.

Die Sondergenehmigung können Sie auch dann erteilen, wenn die Firewall eine Software beim unerlaubten Zugriff erwischt. Wenn Sie beispielsweise ein neues Mail-Programm installieren, das die Firewall noch nicht kennt, erscheint zunächst ein Warnhinweis. Die Windows-Firewall macht Sie darauf aufmerksam, dass ein neues Programm versucht, an der Firewall vorbeizukommen. Das ist ein gutes Zeichen – es zeigt, dass die Firewall funktioniert und nicht einfach jeden Zugriff auf das Internet zulässt.

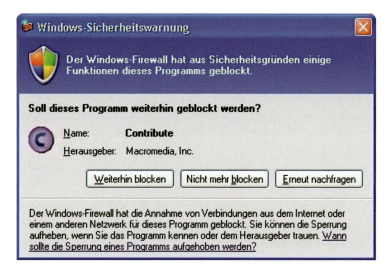

Kostenlose Firewalls

Für die meisten Windows-Anwender ist die Windows-Firewall vollkommen ausreichend. Sie bietet einen soliden Grundschutz vor den gefährlichsten Angriffen aus dem Internet. Mit der automatischen Updatefunktion von Windows bleibt auch die Firewall auf dem neuesten Stand.

Info

Warum andere Firewalls einsetzen?

Wozu Alternativen einsetzen, wenn Windows über eine eigene Firewall verfügt? Die Installation einer anderen Firewall lohnt sich eigentlich nur, wenn Sie die Zusatzfunktionen der Alternativen nutzen möchten, beispielsweise ausführlichere Warnungen oder mehr Einstellmöglichkeiten. Laien sind von den zahlreichen Konfigurationsmöglichkeiten der alternativen Firewalls allerdings oft überfordert und sollten bei der Windows-Firewall bleiben. Deren Schutzfunktionen sind mit denen alternativer Programme nahezu identisch.

Neben der Windows-eigenen Lösung gibt es interessante Firewalls von Drittherstellern. Sie bieten oft weitere Komfortfunktionen wie ausführliche Sicherheitsberichte oder detaillierte Statusanzeigen.

Auch Ausnahmen und Sonderregeln für bestimmte Programme lassen sich mit den Firewallalternativen oft einfacher und detaillierter einstellen.

Die Personal Firewall von Sygate (www.sygate.de) gibt es kostenlos, sie bietet einen guten Schutz vor direkten Angriffen aus dem Internet. Auch die ebenfalls kostenlosen Firewalls ZoneAlarm (www.zonealarm.de) und Sunbelt Kerio Personal Firewall (www.sunbelt-software.com/Kerio.cfm) leisten gute Dienste als Türsteher.

Info

Firewalls im Test

Einen ausführlichen Test von Firewalls hat die Stiftung Warentest im Februar 2005 veröffentlicht (geben Sie auf www.warentest.de die Suchbegriffe „Schutzprogramme" und „Test" ein). Dort wurden vier Antivirusprogramme, sechs Firewalls und zehn Sicherheitspakete auf Herz und Nieren überprüft.

Kostenlose Firewalls wie ZoneAlarm sind gute Alternativen zur Windows-Firewall.

Übrigens: Windows erkennt automatisch, wenn Sie eine eigene Firewalllösung einsetzen und schaltet die Windows-Firewall aus. Im Zweifelsfall entscheiden Sie im Sicherheitscenter einfach selbst, welcher Firewall Sie den Vorzug geben.

Keinesfalls sollten Sie mehrere Firewalls gleichzeitig nutzen – oft kommen sich die Firewalls dann nur ins Gehege und produzieren Falschmeldungen.

Schutz vor Computerviren, Trojanern und Würmern

Sie gelangen per E-Mail, über manipulierte Webseiten oder per CD-ROM in den PC: Computerviren. Sie spähen Daten aus, manipulieren sie oder löschen sogar komplette Festplatten. Und sie vermehren sich unkontrolliert. Daher sollte kein PC ohne Antivirenprogramm ins Internet. Oft erfolgt ein Virenbefall zunächst unbemerkt. Mitunter können zwischen Befall und „Ausbruch" mehrere Tage oder Wochen vergehen. Einige Virenprogrammierer aktivieren den Schädling erst zu einem ganz bestimmten Datum.

Eine Firewall schützt übrigens nur bedingt vor Viren. Die Firewall agiert nur als Türsteher, der alle ein- und ausgehenden Internetverbindungen überprüft, nicht aber die Daten, die bereits drin sind. Der Virenscanner arbeitet hingegen hinter der Firewall und schaut allen Programmen und Dateien, die bereits auf dem PC installiert sind oder sich derzeit im Arbeitsspeicher befinden, auf die Finger. Er ist also die zweite Verteidigungslinie hinter der Firewall. Daher sollten Sie auf jeden Fall auch dann einen Virenscanner installieren, wenn bereits eine Firewall im Einsatz ist.

Kostenlose Virenscanner für den PC

Um gegen Viren, Trojaner, Würmer und andere heimtückische Software gewappnet zu sein, brauchen Sie einen Virenscanner – auch Antivirusprogramm genannt. Viele Virenscanner erhalten Sie kostenlos.

So geht's:

Zu den besten Gratisschutzprogrammen zählt AntiVir der Avira GmbH aus Deutschland. Allerdings ist die AntiVir Personal Edition Classic nur bei privater und nicht kommerzieller Nutzung gratis. Zur Installation und Einrichtung von AntiVir gehen Sie folgendermaßen vor:

1. Starten Sie den Internetbrowser und rufen Sie die Webseite www. free-av.de auf.
2. Klicken Sie auf *Download* und anschließend auf einen der angebotenen Downloadserver wie *Chip Online*, um den kostenlosen Virenscanner herunterzuladen.
3. Im Downloadfenster klicken Sie auf *Öffnen*, um gleich nach dem Herunterladen mit der Installation zu beginnen.
4. Folgen Sie den Anweisungen des Installationsassistenten, um die Installation abzuschließen.

Info

60 000 Viren weltweit

Wie viele Computerviren genau existieren, lässt sich nur schätzen. Bekannt sind derzeit über 60 000 Viren, vornehmlich für Windows-PCs. Aber auch Viren für Mac und Linux sind im Umlauf.

5. Nach der Installation ist der Virenwächter sofort aktiv und überwacht den Computer – erkennbar am Regenschirmsymbol in der
Taskleiste.

6. Nach der Installation sollten Sie sofort ein Update durchführen,
um vom Server des Herstellers die aktuellen Vireninformationen
zu beziehen. Hierzu klicken Sie mit der rechten (!) Maustaste auf
das Regenschirmsym-
bol in der Taskleiste
und wählen den Befehl
Update starten. Um die
weiteren Updates brau-
chen Sie sich nicht mehr
zu kümmern, da Anti-
Vir automatisch alle 24
Stunden die Virendaten-

✔ AntiVir Guard aktivieren
AntiVir starten
AntiVir konfigurieren
Update starten
Hilfe
Avira AntiVir PersonalEdition Classic Webseite

bank aktualisiert. Auf Wunsch können Sie die automatische Aktualisierung auch abschalten und die Updates manuell herunterladen. Empfehlenswert ist die Deaktivierung allerdings nicht, da
Sie sonst die neuesten Vireninformationen verpassen oder zu spät
erhalten.

Nach der Installation empfiehlt es sich, den Computer einmal gründ-
lich auf Viren zu überprüfen – sicher ist sicher. Hierzu starten Sie das
Programm mit dem Befehl *Start | Alle Programme | AntiVir Personal
Edition Classic | AntiVir Personal Edition Classic starten* und wechseln
in das Register Prüfen. Wählen Sie hier *Lokale Laufwerke* aus und klicken Sie auf das Symbol mit der Lupe. Je nach Größe der Festplatte
dauert die Überprüfung zwischen einer und 60 Minuten.

Gute Virenscanner wie
AntiVir Personal Edition
erhalten Sie kostenlos
im Internet.

Doppelt gemoppelt hält nicht besser

Jeder PC sollte über einen Virenscanner verfügen, und zwar über genau einen. Vermeiden Sie die Installation mehrerer Virenscanner, da diese sich nur gegenseitig behindern. Die Folge sind oft verwirrende Falschmeldungen über vermeintlichen Virenbefall. Ein Virenscanner pro PC genügt.

Virenscanner mit E-Mail-Schutz

AntiVir Personal Edition zählt zu den besten kostenlosen Virenscannern. Damit ist Ihr PC sehr gut gegen Dateiviren geschützt. Viele kostenlose Virenscanner – auch AntiVir – haben jedoch einen Nachteil: Es erfolgt keine Überprüfung des E-Mail-Posteingangs. Der Virenschutz beginnt erst, wenn etwa der Anhang der E-Mail als Datei auf die Festplatte gespeichert wird.

Besser sind Virenscanner, die auch jede einzelne E-Mail auf einen Virenbefall überprüfen, da viele Viren und Trojaner per E-Mail den Weg in den PC finden. Zum E-Mail-Schutz eignet sich der für private Nutzer ebenfalls kostenlose Virenscanner AVG Free Edition von Grisoft.

Der Virenscanner AVG Anti-Virus findet Viren auch in E-Mails und löscht sie auf Wunsch bereits im Posteingang.

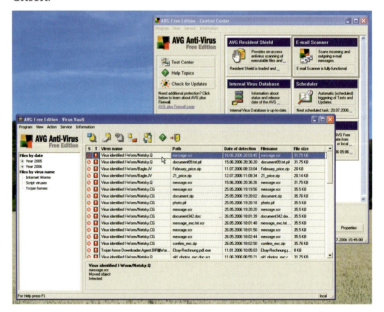

Sie finden den kostenlosen Virenscanner inklusive E-Mail-Schutz auf der Webseite free.grisoft.de. Nach der Installation bindet sich der

Virenscanner zusätzlich in das Mail-Programm Outlook ein und untersucht alle ein- und ausgehenden E-Mails auf Virenbefall.

Info

Kommerzielle Virenscanner

Neben den kostenlosen Virenscannern, die bereits sehr gute Dienste leisten, gibt es zahlreiche kommerzielle Anbieter, deren Virenscanner mit weiteren Komfortfunktionen ausgestattet sind. Für knapp 40 Euro gibt es zum Beispiel von folgenden Anbietern einen umfassenden Virenschutz:

- Kaspersky Anti-Virus Personal (www.kaspersky.com)
- Symantec Anti-Virus (www.symantec.de)
- McAfee virusscan (www.mcafee.de)

Onlinescanner für den Blitzcheck

Der Antivirenspezialist Symantec stellt einen kostenlosen Onlinevirenscanner zur Verfügung. Damit können Sie Ihren PC selbst dann auf Viren und Trojanische Pferde überprüfen, wenn auf dem PC kein Virenscanner installiert ist. Symantec installiert hierzu eine ActiveX-Softwarekomponente für den Internet Explorer und nimmt darüber die Überprüfung vor. Mit alternativen Browsern wie Firefox oder Opera lässt sich der Onlinecheck leider nicht durchführen.

So geht's:

Der Onlinescanner eignet sich sehr gut für einen schnellen Check zwischendurch. Folgende Schritte sind für den Onlineüberprüfung notwendig:

1. Starten Sie den Internet Explorer und rufen Sie die Webseite security.symantec.com/de (ohne „www.") auf.
2. Klicken Sie im Popupfenster im Bereich *Virenerkennung* auf die Schaltfläche *Start*.
3. Bestätigen Sie die Lizenzvereinbarungen und klicken Sie auf *Weiter*.
4. Für den Virencheck muss zunächst ein Stück Software installiert werden. Bestätigen Sie die entsprechende Sicherheitswarnung per Mausklick auf *Installieren*.
   Sollte am oberen Rand des Popupfensters eine gelbe Leiste erscheinen, klicken Sie auf diese Leiste und wählen den Befehl *ActiveX-Steuerelement installieren*, um die Installation abzuschließen.

5. Anschließend prüft Symantec über das Internet Ihren PC auf alle bekannten Viren und Trojanischen Pferde. Es gleicht dabei jede Datei Ihres PCs mit der Virendatenbank ab. Um die aktuellen Vireninformationen brauchen Sie sich keine Gedanken zu machen, da automatisch auf die neuesten Vireninformationen der Symantec-Datenbank zurückgegriffen wird.

Überprüfen Sie Ihren PC online via Internet auf Viren und Trojanische Pferde.

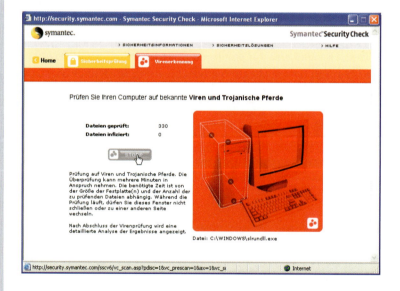

Adware und andere Störenfriede loswerden

Jede Wette: Auch auf Ihrem PC haben sich kleine Spionageprogramme und andere lästige Software eingenistet, ohne dass Sie davon etwas mitbekommen haben. Fast jeder Internet-PC ist davon betroffen.

Schuld sind oft frisch installierte Freeware- und Sharewareprogramme, die Spyware mit im Gepäck haben. Still und heimlich installieren sie neben der eigentlichen Software weitere Spywarekomponenten. Der Name der Störenfriede ist Programm: Spyware nistet sich tatsächlich wie ein feindlicher Spion unbemerkt im PC ein und spioniert Sie und Ihre Daten aus. Der digitale Spion sammelt zum Beispiel Informationen darüber, welche Programme Sie wann aufrufen, zu welchem Zeitpunkt Sie ins Internet gehen oder welche Webseiten Sie besuchen. Die gesammelten Daten übermittelt die Spyware dann unbemerkt im Hintergrund an ihre Programmierer.

Dagegen ist ein Kraut gewachsen: Spezielle Antispywareprogramme machen sich auf die Suche nach verdächtiger Software und entfernen sie auch gleich vom System. Noch sauberer wird der PC, wenn Sie gleich mehrere Antispywareprogramme hintereinander einsetzen.

Info

Cookies = Spyware?

Die meisten Antispywareprogramme stufen auch Cookies als Spyware ein. Beim Besuch von Webseiten legen viele Anbieter einen Cookie in Form einer kleinen Textdatei auf Ihrem PC ab. Der Anbieter kann dann erkennen, wann Sie zuletzt auf der Seite waren, und zum Beispiel nur die Nachrichten anzeigen, die seit Ihrem letzten Besuch neu hinzugekommen sind.

Cookies sind daher nur im weitesten Sinne Spyware – sie sind eher nützlich und machen das Surfen im Internet komfortabler. Wem sie dennoch suspekt sind, der kann sie aber auch gefahrlos mit Hilfe der Antispywareprogramme löschen.

Ad-Aware entfernt Spyware

Eines der erfolgreichsten und beliebtesten Antispywareprogramme ist Ad-Aware von Lavasoft. Ad-Aware fahndet auf Ihrem PC nach verdächtiger Software und löscht sie auf Wunsch gleich. Dazu gehören auch Dialer, die Internetverbindungen über teure 0190- und 0900-Nummern aufbauen.

Das Programm durchforstet dabei penibel alle Laufwerke – dazu gehören auch USB-Sticks, Digitalkameras, andere Wechseldatenträger, die Registrierdatenbank und der Arbeitsspeicher. Der Suchvorgang nimmt zwar einige Minuten in Anspruch, fast immer ist der digitale Spürhund aber erfolgreich. Oft gehen beim ersten Prüfvorgang gleich mehrere verdächtige Programme ins Netz.

So geht's:

Ad-Aware SE Personal Edition erhalten Sie kostenlos auf der Webseite www.lavasoft.de/products/ad-aware_se_personal.php. Mit einem

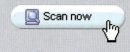

Mausklick auf den Button *Download* werden Sie auf *Download.com* weitergeleitet, wo Sie den Download starten können. Ein Doppelklick auf die heruntergeladene Datei startet den Installationsvorgang.

Nach dem Start beginnt das Programm sofort mit der Suche nach Spyware und weiteren Störenfrieden. Nach jedem Prüfvorgang zeigt Ad-Aware eine übersichtliche Zusammenfassung über alle gefundenen Übeltäter. Neben harmlosen Cookies von Webseiten finden sich auch oft echte Spionageprogramme, die auf dem PC nichts zu suchen haben.

Mit Hilfe eines Assistenten können Sie die gefundene Spyware per Knopfdruck vom Computer verbannen. Sie können den Übeltäter aber auch erst mal in einen Quarantänebereich verschieben. Einige Programme laufen nur dann reibungslos, wenn die mitgelieferte Spyware installiert bleibt. Solche Programme sollten Sie aber rasch entfernen und passende Alternativen verwenden. Um installierte Programme zu löschen, öffnen Sie die Systemsteuerung (*Start | Systemsteuerung | Software*), wählen die nicht mehr erwünschte Software aus und klicken auf *Ändern/Entfernen*.

Mit dem kostenlosen Tool Ad-Aware SE Personal Edition befreien Sie Ihren PC von lästiger Spyware.

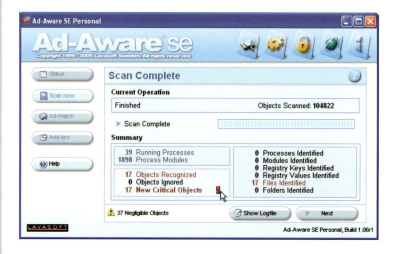

SpyBot – Search & Destroy mach Spyware den Garaus

Wer auf Nummer sicher gehen möchte, kann auch mehrere Antispywarelösungen verwenden. Ein weiterer guter Spürhund ist das kostenlose Tool SpyBot – Search & Destroy, das ebenfalls verschiedene Arten von Spyware und ähnliche Bedrohungen auf dem Computer erkennt und gleich entfernt. Zusätzlich beseitigt SpyBot auf Wunsch auch gleich alle Spuren, die Sie beim Surfen im Internet hinterlassen: Cookies, besuchte Webseiten oder heruntergeladene Dateien. Das

Löschen der Internetspuren ist vor allem interessant, wenn Sie den Computer zu zweit oder dritt oder in der Familie benutzen. Damit verbergen Sie vor anderen Computerbenutzern, welche Seiten Sie zuvor besucht und welche Dateien Sie heruntergeladen haben.

So geht's:

Auf der Webseite www.spybot.info/de erhalten Sie SpyBot – Search & Destroy als kostenlosen Download. Klicken Sie in der linken Navigationsspalte der Webseite auf *Herunterladen* und starten Sie die Installation per Doppelklick auf die heruntergeladene Datei.

Nach dem Start können Sie gleich auf *Überprüfen* klicken, um SpyBot auf die Suche nach verdächtiger Software zu schicken. Nach wenigen Minuten erhalten Sie einen ausführlichen Prüfbericht und können entscheiden, welche der gefundenen Spione Sie entfernen möchten.

Sehr nützlich ist die Schaltfläche *Immunisieren*, mit der Sie einen praktischen Präventivschutz aktivieren. SpyBot macht den PC damit immun gegen zukünftige Infektionen. Es blockiert im Vorfeld die Installation von über 12 000 bekannten Spywarekomponenten. Sobald eine Spyware versucht, sich auf dem PC einzunisten, bricht SpyBot die Installation ab. Es stellt dabei zum Beispiel den Internet Explorer so ein, dass die Installation „berüchtigter" Softwarekomponenten in Zukunft nicht mehr möglich ist.

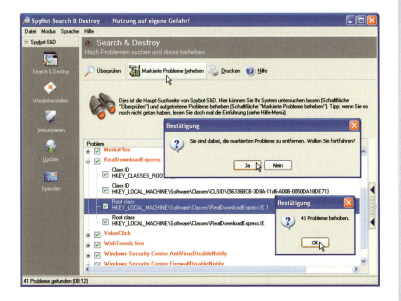

Beim Einsatz von Antispywareprogrammen wie SpyBot hat Spyware keine Chance.

Microsoft Windows Defender

Als Hersteller des Betriebssystems Windows hat Microsoft ein natürliches Interesse, die PCs seiner Kunden frei von Spyware und anderer schädlicher Software zu halten. Microsoft stellt hierzu das kostenlose Tool Windows Defender zur Verfügung.

Info

Windows Defender als Betaversion

Derzeit (September 2006) handelt es sich noch um eine Betaversion, aber bereits für das letzte Quartal 2006 ist eine endgültige offizielle Version angesagt. Beim neuen Windows Vista ist Windows Defender bereits von Haus aus mit an Bord.

So geht's:

Als Nutzer von Windows XP erhalten Sie Windows Defender kostenlos von der Webseite www.microsoft.com/germany/athome/security/ spyware/software/. Mit einem Mausklick auf *Hier herunterladen* starten Sie den Download und die Installation.

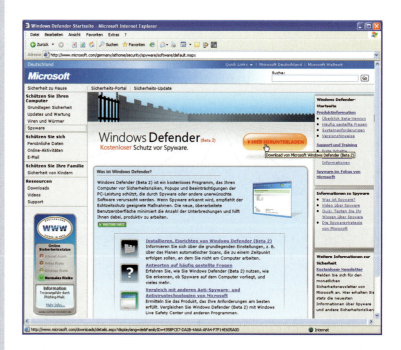

Windows Defender erhalten Sie als kostenlosen Download von der Microsoft-Webseite.

Nach dem Start macht sich Windows Defender auch gleich auf die Suche nach Schnüffelsoftware. Über 10 000 Spione sind Windows Defender bekannt, per automatischem Update kommen fast täglich neue hinzu.

Beim Suchvorgang nimmt sich das Programm vor allem die Systemdateien, Cookies und die Registrierdatenbank vor und spürt dort versteckte Spywarekomponenten auf. Wird Windows Defender fündig, können Sie entscheiden, was mit der Spyware passieren soll. Sie können den Spion zum Beispiel löschen oder in Quarantäne schicken.

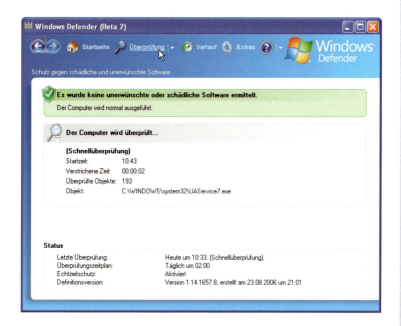

Windows Defender sagt Ihnen genau, ob sich unerwünschte oder schädliche Software auf dem PC befindet.

Kommerzielle Profisoftware

Einen PC sicher zu machen, ist gar nicht so einfach: Für jede Ge-fahr – Hacker, Viren und Spyware – müssen eigene Schutzprogramme her. Die Installation der einzelnen Komponenten nimmt dabei eine Menge Zeit ein. Wer sich Zeit und Arbeit sparen möchte, kann auch Komplettpakete verwenden. Firewall, Virenscanner, Antispyware und Spamschutz sind hier in einem einzigen Softwarepaket instal-liert – eines für alles.

Viele Softwarehersteller haben interessante Rundum-sorglos-Pa-kete geschnürt, die für knapp 60 bis 70 Euro alle wichtigen Schutzpro-gramme unter einem Dach vereinen. In der Ausgabe 2/2005 von *test* haben beispielsweise folgende Sicherheitspakete mit der Testnote „gut" abgeschnitten:

- G-Data Internet Security (www.g-data.de)
- McAfee Internet Security Suite (www.mcafee.de)
- Symantec Norton Internet Security (www.symantec.de)

Sicherer geht's kaum: Wenn Sie Ihr WLAN per Verschlüsselung und MAC-Filter vor Hackerangriffen geschützt haben und zusätzlich Fire-wall, Virenscanner und Antispywaresoftware nutzen, sind Sie auf der sicheren Seite. Hacker und Angreifer aus dem Internet haben gegen derart geschützte Netzwerke kaum eine Chance.

Komplettpakete wie Norton Internet Security enthalten alle wichtigen Sicherheits- programme unter einer einheitlichen Bedienoberfläche.

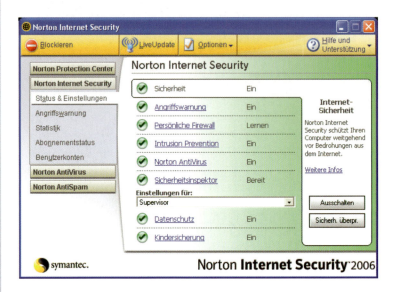

Kapitel 6

WLAN einrichten und absichern
Mehr Tempo und Reichweite

Mehr Tempo und Reichweite im WLAN

Nicht nur sicher, auch schnell soll es im WLAN zur Sache gehen. Wenn die Daten im Funknetz nur tröpfelnd am WLAN-Notebook ankommen oder bereits nach wenigen Metern die Verbindung abreißt, besteht Handlungsbedarf. Mit einigen Tricks und Kniffen können Sie Ihr Funknetzwerk optimieren. Ganz nach dem Motto: Schneller, höher, weiter.

Info

Absichtlich langsam?

Bevor Sie die Ursache für zu langsame Verbindungen suchen, sollten Sie einen Blick in das Konfigurationsmenü des WLAN-Routers werfen. Mitunter ist dort aus Sicherheitsgründen die Reichweite des WLANs absichtlich herabgesetzt – siehe auch Kapitel *Sicher ist sicher: Das WLAN abdichten* (→ Seite 52). In diesem Fall setzen Sie die Leistung einfach wieder hoch, um die Reichweite zu erhöhen.

Geschwindigkeit in Theorie und Praxis

Die Hersteller von Funknetzwerken werben gerne mit hohen Geschwindigkeiten. Laut Angaben auf den Verpackungen flitzen die Daten mit 54 MBit pro Sekunde, bei modernen Geräten sogar mit über 100 MBit pro Sekunde durch den Äther. So weit die Theorie.

Die Praxis sieht anders aus. Bei den Angaben auf der Verpackung handelt es sich lediglich um die theoretisch erreichbare Maximalgeschwindigkeit. Die tatsächliche Übertragungsrate liegt weit darunter. Vergleichbar mit der Höchstgeschwindigkeit eines Pkw – auch die erreichen Sie nur im Idealfall, die tatsächliche durchschnittliche Reisegeschwindigkeit liegt weit darunter.

Brutto und netto

Zahlreiche Faktoren sorgen beim WLAN dafür, dass von der theoretisch möglichen Bruttogeschwindigkeit von zum Beispiel 54 MBit pro Sekunde nur noch wenig Nettogeschwindigkeit übrig bleibt.

Ein Großteil geht bereits durch die besondere Art der Datenübermittlung im WLAN verloren. Von der Maximalgeschwindigkeit müssen per se – je nach Technik – über 10, teilweise bis zu 50 Prozent abgezogen werden. Der Grund: Im WLAN erfolgt die Übertragung mit zusätzlich eingefügten, redundanten Informationen, um Übertragungsfehler und das erneute Senden verloren gegangener Pakete möglichst zu vermeiden. Viele Daten werden praktisch „auf Verdacht" doppelt verschickt. Bei WLANs nach dem G-Standard (802.11g) reicht es dadurch gerade einmal für 20 bis 30 MBit pro Sekunde und somit nur etwa 45 bis 55 Prozent der nominellen 54 MBit pro Sekunde.

Info

MBit und MByte

Im WLAN ist oft von Megabit pro Sekunde (MBit/s) oder Megabyte pro Sekunde (MByte/s) die Rede. Wichtig dabei ist der Unterschied zwischen Bits und Bytes. Erst acht Bits ergeben ein Byte. Die Geschwindigkeitsangabe 54 MBit pro Sekunde entspricht daher 6,75 MByte pro Sekunde (54 geteilt durch 8). Zum Vergleich: Hochauflösende Fotos moderner Digitalkameras oder Musikstücke im MP3-Format sind circa 1 bis 2 MByte groß.

Je weiter entfernt, desto langsamer

Erschwerend kommt hinzu, dass die Leistung mit der Entfernung zum Empfänger immer weiter abnimmt. Je größer der Abstand zwischen Funkstation und Empfänger und je mehr dicke Wände die Übertragung stören, umso langsamer wird das Funknetz. In Häusern und Wohnungen kommen nicht selten nach zehn Metern durch Wände und Decken gerade mal noch 2 MBit pro Sekunde an.

Das hört sich dramatisch an, ist es im Grunde aber nicht. Auch wenn von den versprochenen 54 MBit pro Sekunde eigentlich nur knapp die Hälfte zur Verfügung steht und einige Wände weiter nur noch ein Bruchteil davon übrig bleibt, ist das WLAN meist immer noch schnell genug. Für ein flottes Surfen im Internet oder die gelegentliche Übertragung von großen Dateien reichen zum Beispiel 2 MBit pro Sekunde vollkommen aus.

Spürbar wird der Geschwindigkeitsverlust erst, wenn Sie große Dateien wie Videofilme oder mehrere Gigabyte große Datenmengen über das WLAN kopieren. Selbst bei kleineren Dateien ist Geduld angesagt. Die Übertragung eines knapp fünf MByte großen Fotos dauert bei 2 MBit pro Sekunde knapp 20 Sekunden, ein typisches Musikstück im MP3-Format mit 1 MByte Dateigröße ist in vier Sekunden übermittelt.

54 MBit pro Sekunde und noch schneller

Fast alle modernen WLAN-Geräte arbeiten nach dem G-Standard (802.11g) und schicken die Netzwerkdaten mit einer Geschwindigkeit von 54 MBit pro Sekunde durchs Funknetz. Das ist praktisch die Standard-„Reisegeschwindigkeit" im WLAN. Es geht aber noch schneller. Der G-Standard ist noch nicht das Ende der WLAN-Fahnenstange.

Was bringt Trafficshaping?

Viele Hersteller werben mit Geschwindigkeitsoptimierung per Trafficshaping, schneller wird das Netzwerk dadurch aber nicht. Trafficshaping sorgt lediglich dafür, dass die zur Verfügung stehende Geschwindigkeit optimal genutzt wird. Dank Trafficshaping werden „VIP"-Daten wie Internet-telefonate bevorzugt ins Internet geschickt. Sobald Sie beispielsweise per Internet telefonieren, drosselt der Router automatisch Downloads und anderen Datenverkehr, um dem Internettelefonat im Router Vorfahrt zu geben.

Bereits seit mehreren Jahren tüfteln die Hersteller an noch höheren Geschwindigkeiten. Leider kochen dabei viele Hersteller ihr eigenes Süppchen und verwenden individuelle Standards, die nur mit Geräten des jeweiligen Herstellers funktionieren. U.S. Robotics verspricht beispielsweise mit der „Accelerator Technology" Datenraten von knapp 100 MBit pro Sekunde und nähert sich damit der Leistung klassischer Netzwerkkabel. Geräte mit dem „True MIMO"-Chip des Herstellers Airgo schaffen sogar bis zu 240 MBit pro Sekunde. Ähnliche Eigenentwicklungen anderer Hersteller nennen sich „SmartAntenna", „RangeMax" oder „SRX". Alle haben aber einen entscheidenden Nachteil: Sie funktionieren nur zwischen gleich ausgestatteten Geräten desselben Herstellers.

Mehr Erfolg versprechen die Bemühungen um einen neuen Standard, mit dem auch Geräte verschiedener Hersteller untereinander kommunizieren können. Praktisch vor der Tür steht der neue Standard mit der Bezeichnung 802.11n. Er verspricht höhere Bruttodatenraten von bis zu 540 MBit pro Sekunde. Die neuen N-Geräte sollen sich damit auch zur Übertragung von Videofilmen über das WLAN eignen – etwa vom PC zum Fernseher im Wohnzimmer. Geplant sind WLAN-Mediacenter mit N-Standard, die als Settopbox fungieren und die Videodaten per WLAN vom PC oder direkt aus dem Internet zum Fernseher übertragen.

Allerdings konnte sich das Gremium noch nicht endgültig auf alle Details des neuen Standards einigen. Experten rechnen erst Mitte 2007 mit der endgültigen Verabschiedung des Standards, erste N-Produkte sind Ende 2007 zu erwarten.

Das dauert vielen Herstellern zu lange. Sie veröffentlichen bereits heute schnelle Geräte nach dem neuen Standard. Da der Standard aber noch nicht endgültig abgesegnet ist, handelt es sich um Draft-N- oder Pre-N-Geräte, praktisch um eine Vorabversion des endgültigen N-Standards. Draft-N-Geräte arbeiten zwar mit der höheren Geschwindigkeit von 270 MBit pro Sekunde, fraglich bleibt allerdings, ob die Vorabversionen später problemlos mit den endgültigen N-Produkten zusammenarbeiten werden. Im Zweifelsfall warten Sie lieber, bis „echte" N-Geräte verfügbar sind.

Wichtig dabei: Ein schnelles WLAN nach N-Standard macht nur das interne Funknetz schneller, nicht aber die Internetverbindung. Wer nur per ISDN oder DSL-1000 ins Internet geht, wird beim Surfen keine Geschwindigkeitssteigerungen spüren. Für das Surfen im Internet reicht der aktuelle G-Standard vollkommen aus. Für das Internet interessant werden N-Geräte erst, wenn der superschnelle Internetzugang VDSL (Very High Data Rate Digital Subscriber Line) mit Geschwindigkeiten von bis zu 52 MBit pro Sekunde verfügbar ist. Über VDSL lassen sich dann auch komplette Spielfilme in hoher Qualität über das Internet übertragen. Zurzeit (Stand: September 2006) gibt es VDSL aber erst in zehn Städten, bis 2007 sollen weitere 40 Städte folgen.

Typisch für WLAN-Geräte nach dem künftigen N-Standard: Der Einsatz mehrerer Antennen zur Steigerung der Datenrate.

Wie schnell bin ich?

Zwischen der theoretisch erreichbaren Geschwindigkeit von 54 MBit pro Sekunde und dem tatsächlichen Tempo liegen Welten. Doch wie schnell ist die eingebaute WLAN-Karte nun wirklich? Zwischen 0 und 54 MBit pro Sekunde ist schließlich alles möglich. Wer es genau wissen möchte, kann die Geschwindigkeit im eigenen WLAN exakt messen.

Grober Schätzwert von Windows

So geht's:

Für einen ersten Schätzwert eignet sich die Windows-eigene Anzeige der Signalstärke. Sie gibt einen ersten Überblick über die tatsächliche Geschwindigkeit im eigenen WLAN:

1. Bei einem WLAN-Computer finden Sie in der Taskleiste unten rechts (neben der Uhr) ein kleines WLAN-Netzwerksymbol. Klicken Sie doppelt darauf.
2. Es erscheint das Dialogfenster *Status von Drahtlose Netzwerkverbindung*. Im Feld *Signalstärke* zeigt Ihnen Windows in Form von grünen Balken, wie hoch die Signalstärke und dementsprechend

das Tempo im WLAN ist. Je mehr grüne Balken erscheinen, umso schneller ist das Funknetz. Sind alle fünf grünen Balken sichtbar, arbeitet das WLAN mit höchstmöglicher Geschwindigkeit.

Die Anzeige hat allerdings einen Haken: Sie ist sehr ungenau. Oft zeigt das Dialogfenster alle fünf grünen Balken an, obwohl das WLAN mit nur wenigen MBit pro Sekunde arbeitet.

Die Anzeige der Signalstärke des Funknetzwerks eignet sich nur für eine grobe Schätzung der Übertragungsgeschwindigkeit.

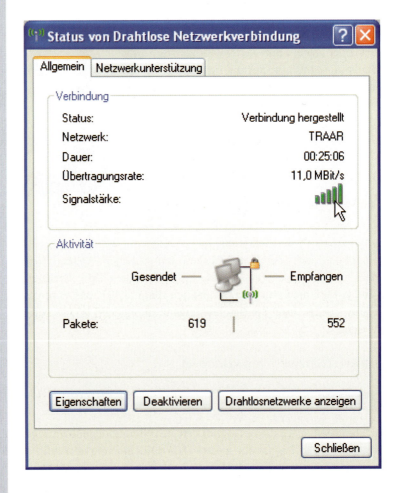

Exakte Geschwindigkeitsmessung mit QCheck

Wie schnell ist das WLAN wirklich? Das erfahren Sie mit dem kostenlosen Programm QCheck. Es ist zwar in Englisch verfasst, aber wir zeigen hier Schritt für Schritt, wie der Test durchzuführen ist.

So geht's:

Um mit QCheck das WLAN-Tempo zu messen, gehen Sie folgendermaßen vor:

1. Starten Sie den Internetbrowser und rufen Sie die Webseite www.ixiacom.com/CD/IxChariot/qcheck.html auf.
2. Klicken Sie auf *Click here*, um den Download zu starten.
3. Nach dem Download klicken Sie doppelt auf die heruntergeladene Datei, um QCheck zu installieren.
4. Installieren Sie QCheck auf allen zu testenden Computern, zum Beispiel dem stationären Computer am Heimarbeitsplatz und Ihrem Notebook. Für einen erfolgreichen Test muss QCheck mindestens auf zwei Computern installiert sein. Das Tool sendet dann Testdaten zwischen den Rechnern hin und her und ermittelt daraus die Übertragungsgeschwindigkeit.
5. Nach der Installation starten Sie das Programm auf beiden PCs mit dem Befehl *Start | Alle Programme | Ixia QCheck | QCheck*.
6. Wählen Sie auf einem der beiden PCs im Feld *From Endpoint 1* den Eintrag *localhost*. Das ist die Bezeichnung für den lokalen PC.
7. Tragen Sie in das Feld *To Endpoint 2* die IP-Adresse des Zielcomputers ein, etwa des WLAN-Notebooks.
   Um die IP-Adresse in Erfahrung zu bringen, öffnen Sie die Eingabeaufforderung (*Start | Alle Programme | Zubehör | Eingabeaufforderung*) und geben den Befehl *ipconfig* ein.
8. QCheck stellt verschiedene Testmethoden zur Verfügung. Am aussagekräftigsten ist der Datendurchsatz. Klicken Sie hierzu auf den Button *Throughput*.
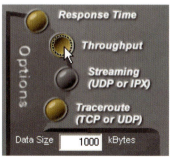
9. Geben Sie in das Feld *Data Size* die Größe der Datei ein, die zu Testzwecken per WLAN übertragen werden soll. Für einen aussagekräftigen Test verwenden Sie eine große Testdatei, zum Beispiel *1000 kBytes*.
10. Klicken Sie auf *Run*, um den Test zu starten. Mitunter erscheint ein Hinweis der Firewall, dass die Datenkommunikation blockiert wurde. Erlauben Sie die Kommunikation, um mit dem Test fortzufahren. Bei der Windows-Firewall klicken Sie hierzu auf *Nicht mehr blockieren*.

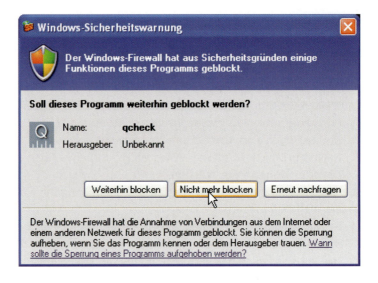

11. Sofern die Verbindung zum anderen Computer (auf dem QCheck ebenfalls gestartet sein muss) erfolgreich aufgebaut werden kann, beginnt das Programm mit dem Test. Nach einigen Sekunden erscheint im unteren Teil das Ergebnis. Sie erkennen den tatsächlichen Datendurchsatz in Ihrem WLAN. Gute Werte liegen zwischen 5 und 30 MBit pro Sekunde. Bei Werten unter 3 wird es kritisch – ab 1 MBit pro Sekunde reißt die Verbindung zum WLAN-Router ab.

Das kostenlose Programm QCheck ermittelt das tatsächliche Tempo im WLAN.

QCheck eignet sich auch zur Ermittlung der optimalen Aufstellposition von WLAN-Router und Funkkarten oder zur Ausrichtung der Antennen. Probieren Sie einfach verschiedene Standorte und Antennenausrichtungen aus und vergleichen Sie die QCheck-Testergebnisse anschließend miteinander.

Mehr Reichweite im WLAN

So ein WLAN hat es nicht einfach: Es muss durch dick und dünn hindurch senden. Je mehr Hindernisse zwischen Sender und Empfänger im Weg sind, umso schlechter ist die Empfangsleistung.

Damit das Funknetz auch in der entferntesten Ecke der Wohnung funktioniert und nicht vollends zum Datenflaschenhals wird, gibt es einige Tricks und Kniffe zur Leistungssteigerung. Die wichtigsten Faktoren in Sachen Geschwindigkeit sind dabei der Standort des WLAN-Routers sowie die Empfangsantennen der WLAN-Geräte.

Der optimale Standort für den Router

Wenn das Funknetz nicht bis zum Keller, die obere Etage oder in den Garten reicht, dort aber WLAN erwünscht ist, sollten Sie zunächst einen Blick auf den derzeitigen Standort des WLAN-Routers werfen. Durch ein geschicktes Platzieren lässt sich die Reichweite um einige Meter erweitern.

So geht's:

Für maximale Reichweite und Geschwindigkeit haben sich in der Praxis folgende Tipps bewährt:

- **WLAN-Router zentral aufstellen**
  Positionieren Sie den WLAN-Router möglichst zentral in der Mitte des Netzwerks. Damit steht allen WLAN-PCs genügend Bandbreite zur Verfügung. Wenn Sie den Router stattdessen an einem entfernten Winkel des Netzwerks platzieren – etwa im Keller oder auf dem Dachboden –, können die weiter entfernten PCs nur noch schlecht versorgt werden.

- **Keine Störfaktoren**
  Der WLAN-Router sollte möglichst frei stehen. Eingezwängt zwischen Büchern oder direkt hinter einer Säule kann die Sendeantenne ihre Leistung nicht komplett entfalten. Besonders störend sind Metallgegenstände – dazu gehört auch das PC-Gehäuse – in der Nähe des Routers. Metall schirmt die Funkwellen fast vollständig ab.

- **Antenne senkrecht stellen**
  Die Übertragung der Funkwellen ist optimal, wenn die Antenne des Routers senkrecht statt waagerecht ausgerichtet ist.

■ **Antennen der Clients optimal ausrichten**

Bei den Endgeräten erreichen Sie einen optimalen Empfang, wenn Sie die Antennen auf den WLAN-Router ausrichten. Die Antennenspitze sollte direkt zum Router zeigen.

■ **Mikrowellen und Funktelefone sind Gift fürs WLAN**

Mikrowellengeräte und kabellose Funktelefone arbeiten oft im gleichen Frequenzbereich (2,4 GHz) wie das WLAN. Der Router sollte daher mehr als einen Meter Abstand von Mikrowellengeräten und Funktelefonen haben, damit sich die Funkwellen nicht permanent ins Gehege kommen.

■ **Mehrere Standorte probieren**

Sollte die Leistung noch nicht ausreichen, versuchen Sie unterschiedliche Standorte und Antennenausrichtungen. Beobachten Sie dabei den Datendurchsatz (etwa mit dem bereits vorgestellten Tool QCheck), um Schritt für Schritt den optimalen Standort zu ermitteln. Oft genügt es, einfach die WLAN-Antennen ein paar Zentimeter zu verschieben, um höhere Geschwindigkeiten zu erreichen.

Die richtige Antenne für Endgeräte

Im WLAN dreht sich im wahrsten Sinne des Wortes alles um die Antennen. Je besser oder größer die Funkantennen, umso schneller das Funknetz bzw. umso größer die Reichweite im Funknetz. USB-Adapter mit ausklappbaren Antennen haben meist einen besseren Empfang als Adapter mit integrierter Miniantenne.

Den besten Empfang erzielen Notebooks mit bereits integrierten WLAN-Adaptern – hier ist meist eine besonders große Antenne im Bildschirm des Notebooks eingebaut.

Bei vielen Desktop-PCs befindet sich die WLAN-Karte mitsamt Antenne in Bodennähe und versteckt hinter dem Metallkasten des PC-Gehäuses, also in der denkbar ungünstigsten Position. Verwenden Sie bei Empfangsproblemen stattdessen eine WLAN-Netzwerkkarte, bei der sich die Antenne an einem langen Kabel

Ideal für hohe Reichweiten sind USB-Netzwerkkarten, die sich dank USB-Kabel frei im Raum positionieren lassen.

befindet. Damit können Sie unabhängig vom Standort des PCs die beste Position der Empfangsantenne finden. Besonders praktisch sind USB-Empfänger, deren Antenne an einem langen USB-Kabel hängt und sich frei platzieren lässt, zum Beispiel der Siemens Gigaset USB Adapter 108 (www.siemens.de).

Mit Zusatzgeräten noch mehr Reichweite

Aufwendig wird es, wenn die Telefondose für den Internetzugang im Keller oder an einem anderen weit entfernten Punkt der Wohnung bzw. des Hauses liegt. Wer nicht gleich das Telefon-/DSL-Kabel quer durch die Wohnung oder das Haus legen möchte, muss den WLAN-Router zwangsläufig an dieser ungünstigen Stelle platzieren.

Doch es gibt Alternativen, etwa die Verwendung von zwei Geräten: Den ersten WLAN-Router schließen Sie direkt an der Telefon-/DSL-Dose an. Einen weiteren WLAN-Access-Point platzieren Sie dann in der Mitte des Netzwerks und schalten ihn in den Repeatermodus. Der Repeater, zu Deutsch „Wiederholer", verstärkt die Signale des ersten WLAN-Routers.

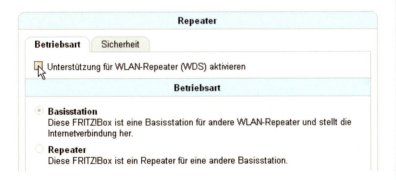

Apples AirPort Express Station (www.apple.de) eignet sich beispielsweise als Repeater für einen vorhandenen WLAN-Router. Auch viele WLAN-Router von AVM (www.avm.de) lassen sich als Repeater einsetzen. Wichtig ist dabei, dass die Basisstation das Repeating – oft auch WDS, Wireless Distributing System oder Bridging genannt – unterstützt.

Mit Repeatern erhöhen Sie die Reichweite im WLAN. Damit sind auch weiter entfernte Geräte – etwa das Notebook auf dem ausgebauten Dachboden – erreichbar.

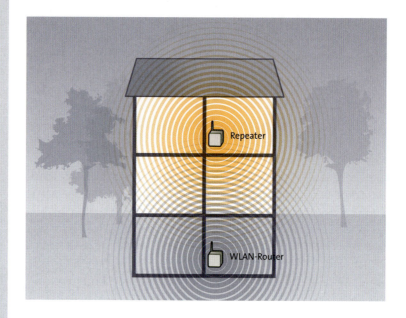

Alternativ überbrücken Sie die Strecke mit dLAN-Adaptern. Das sind Adapter, die die vorhandenen Stromkabel im Haus als Netzwerksignalkabel nutzen.

Die Installation ist sehr einfach: Sie müssen zum Beispiel im Keller lediglich einen dLAN-Adapter in die Steckdose stecken und mit dem WLAN-Router verbinden. Als Nächstes stecken Sie zum Beispiel im Wohnzimmer einen speziellen dLAN-Wireless-Adapter mit integrierter Funkantenne in die Steckdose. Die Verlängerung vom Keller zum Wohnzimmer ist damit hergestellt.

Mit dLAN-Adaptern nutzen Sie die Stromkabel zur Datenübertragung: Ideal, um zum Beispiel die Strecke von der Telefondose im Keller zum WLAN-Router zu überbrücken.

Mit Hilfe der dLAN-Adapter transportieren Sie die Netzwerkdaten über die Stromleitung aus dem Keller ins Wohnzimmer. Der dLAN-Wireless-Adapter im Wohnzimmer ist mit einer Funkantenne ausgestattet und dient als Funkstation für das WLAN.

Kapitel 7

WLAN einrichten und absichern
Multimedia im WLAN

Multimedia im WLAN

Das Surfen im Internet oder das Verschicken von E-Mails ist im WLAN in der Regel kein Problem. Hier wandern nur kleine Dateien und geringe Datenmengen durch das Funknetz. Werden die Datenmengen größer, stößt das WLAN jedoch schnell an seine Grenzen. Gerade bei Multimediadaten wie Musik, Radio und Video kann es eng werden. Die Folge sind störende Ruckler und Aussetzer in Bild und Ton.

Das muss nicht sein. Mit einigen Tricks und Kniffen ist auch in langsamen Funknetzen ein störungsfreier Multimediagenuss möglich.

Musik hören per Funknetz

Im Zeitalter der digitalen Musik liegen viele Musiktitel als MP3- oder WMA-Datei vor. Viele Anwender digitalisieren ihre persönliche CD-Sammlung und speichern sie als Datei auf der Festplatte. Auf Musikportalen wie Musicload (www.musicload.de) und iTunes (www.itunes.de) gibt es brandneue Songs als Download für weniger als 1 Euro. So kommt mit der Zeit ein stattliches Musikarchiv zusammen. Nicht selten umfassen private Musiksammlungen mehrere Hundert oder gar Tausende Songs.

Auf Musikportalen wie Musicload gibt es Tausende Songs als Download: ideal für Hörgenuss auch im WLAN.

Notebook an die Stereoanlage anschließen

Alle auf dem PC gespeicherten Musikstücke lassen sich zunächst nur direkt auf dem Computer abspielen. Für den Hörgenuss im Wohnzimmer oder Musikuntermalung bei einer Feier ist das wenig hilfreich. Schließlich ist es recht mühsam, zum Musikhören extra den PC aus dem Arbeitszimmer ins Wohnzimmer zu holen.

Es gibt eine elegantere Lösung: Schließen Sie an die Stereoanlage Ihr WLAN-Notebook an. Die Musik kommt dann per WLAN zum Notebook und von dort zur HiFi-Anlage.

So geht's:

Wenn Sie über ein WLAN-fähiges Notebook mit Kopfhörerausgang verfügen, können Sie mit folgenden Schritten die Musik vom PC auf die Stereoanlage übertragen.

Prüfen Sie zunächst, ob Notebook und Stereoanlage die notwendigen Voraussetzungen erfüllen. Sie benötigen folgende Komponenten:

■ Ein Notebook mit Audio- bzw. Kopfhörerausgang – der ist bei fast allen Notebooks als kleine runde Ausgangsbuchse mit Kopfhörersymbol vorhanden. Meist ist die Buchse hellgrün markiert.

■ Einen freien Audioanschluss an der Stereoanlage. Bei den meisten Verstärkern finden Sie an der Rückseite Audioeingänge in Form zweier Cinchanschlüsse für den rechten und linken Kanal.

■ Ein Audiokabel, das an einer Seite einen Kopfhöreranschluss in Form eines kleinen Klinkensteckers und an der anderen Seite zwei Cinchstecker für den rechten und linken Kanal besitzt.

Sofern alle Voraussetzungen erfüllt sind, steht dem HiFi-Multimediagenuss per WLAN nichts mehr im Wege. Gehen Sie hierzu folgendermaßen vor:

1. Damit das Notebook auf die Musik des PCs zugreifen kann, geben Sie auf dem Rechner, auf dem die Musikdateien liegen, den Ordner mit der gespeicherten Musik im Netzwerk frei. Hierzu klicken Sie im Explorer mit der rechten (!) Maustaste auf den Musikordner und wählen den Befehl *Freigabe und Sicherheit*. Kreuzen Sie das Kontrollkästchen *Diesen Ordner im Netzwerk freigeben* an und schließen Sie das Dialogfenster mit *OK*.

Geben Sie den Musik-
ordner im Netzwerk
frei, damit alle Netz-
PCs darauf zugreifen
können.

2. Schließen Sie mit dem Audiokabel das Notebook an die Stereoanlage an. Der kleine Klinkenstecker kommt dabei in den Kopfhörerausgang des Notebooks, die beiden großen Cinchstecker gehören
   an den Audioeingang des HiFi-Verstärkers.

3. Starten Sie das Notebook und stellen Sie eine Verbindung zum
   freigegebenen Musikordner her. Hierzu starten Sie den Windows-
   Explorer (*Start | Alle Programme | Zubehör | Windows-Explorer*)
   und wechseln in die *Netzwerkumgebung*.

   Klicken Sie auf *Gesamtes Netzwerk* und *Microsoft Windows Netzwerk*, um Ihr Netzwerk einzublenden. Klicken Sie anschließend
   auf den Namen Ihres Netzwerks sowie den Namen des Netzwerk-
   PCs, auf dem der freigegebene Ordner liegt.

   Klicken Sie mit der rechten (!) Maustaste auf den Ordner *Musik*
   und wählen Sie den Befehl *Netzlaufwerk verbinden*. Im folgenden
   Fenster wählen Sie einen Laufwerkbuchstaben aus – zum Beispiel

M: für Musik – und bestätigen mit *OK.* Ab sofort können Sie über das Laufwerk M: vom Notebook aus auf das Musikarchiv Ihres Haupt-PCs zugreifen.

Über die Netzwerkumgebung stellen Sie auf dem Notebook eine dauerhafte Verbindung zum Musikordner auf dem PC her.

4. Starten Sie auf dem Notebook den Media Player mit dem Befehl *Start | Alle Programme | Windows Media Player.*

5. Wechseln Sie in das Register *Medien-bibliothek.*

6. Rufen Sie den Menübefehl *Datei | Zur Medienbibliothek hinzufügen | Ordner hinzufügen* auf. Sollte die Menüzeile nicht sichtbar sein, klicken Sie mit der rechten (!) Maustaste auf die Titelleiste des Media Players.

7. Wählen Sie im folgenden Fenster das Laufwerk *M:* aus und schließen Sie das Dialogfenster mit *OK.*

8. Die komplette Musiksammlung Ihres PCs erscheint daraufhin in der Medienbibliothek des WLAN-Notebooks. Jetzt müssen Sie nur noch die gewünschten Musikstücke auswählen und die Play-Taste des Media Players drücken.

Sollte die Musik nicht aus den Lautsprechern der HiFi-Anlage ertönen, prüfen Sie noch einmal die Kabelverbindung.

Achten Sie zudem darauf, dass an der Anlage die richtige Audioquelle gewählt ist.

Über den Media Player auf dem Notebook greifen Sie per WLAN auf das Musikarchiv Ihres PCs zu.

Wenn es ruckelt

Bei der Übertragung von Musik über das WLAN gehen dauerhaft große Datenmengen über den Äther. Jeder digitale Titel verschlingt ein bis zwei Megabyte. Spannend ist also die Frage, ob die digitale Musik auch durch das WLAN passt.

Wichtig ist dabei nicht die Größe der Musikdatei, sondern wie viele Daten pro Minute übertragen werden. Im Schnitt verbraucht ein digitales Musikstück knapp 130 Kilobyte pro Minute, in der höchsten Qualität maximal 320 Kilobyte pro Minute.

Info

Datenrate im Detail

Wenn Sie ganz genau wissen möchten, mit welcher Datenrate ein Musikstück aufgenommen wurde, hilft ein Blick in die Eigenschaften des Musikstücks. Markieren Sie im Explorer die Musikdatei und rufen Sie den Befehl *Datei | Eigenschaften* auf. Wechseln Sie anschließend in das Register *Dateiinfo* und klicken Sie auf *Erweitert*. In der Zeile *Bitrate* steht der exakte Wert.

Für ein WLAN ist diese Datenmenge problemlos zu bewältigen. 320 Kilobyte oder 0,32 Megabyte pro Minute entsprechen 2,56 MBit pro Minute (0,32 mal 8, da ein Byte aus acht Bits besteht). Umgerechnet auf die Geschwindigkeitsangabe in MBit/s sind das 0,04 MBit pro Sekunde. Das schaffen selbst langsame WLAN-Netzwerke – zumindest theoretisch.

In der Praxis kommt es dennoch bei der Multimediaübertragung zu Rucklern und Aussetzern. Das kann an der ungünstigen Platzierung der Antennen oder des Notebooks oder aber an zusätzlichem Netzverkehr wie umfangreichen Downloads liegen. Hinzu kommt, dass die meisten Media Player ohne oder mit einem zu kleinen Zwischenpuffer arbeiten. Die übertragenen Daten werden sofort wiedergegeben. Kommt es zu einer Störung im Netzwerkverkehr, bricht die Wiedergabe sofort ab.

So geht's:

Um Aussetzer während der Übertragung zu verhindern, sollten Sie im Media Player einen Zwischenpuffer einrichten. Der Puffer speichert praktisch die Musikdaten auf Vorrat. Kommt es zu Netzwerkproblemen, greift der Media Player auf den Vorrat zurück und überbrückt damit die Störung. Gehen Sie folgendermaßen vor, um den Puffer einzurichten:

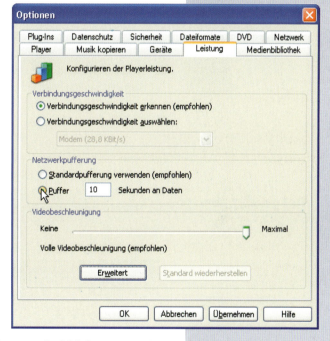

1. Starten Sie den Media Player mit dem Befehl *Start | Alle Programme | Windows Media Player*.
2. Rufen Sie den Befehl *Extras | Optionen* auf. Sollte die Menüzeile nicht sichtbar sein, klicken Sie mit der rechten (!) Maustaste auf die Titelleiste des Media Players.
3. Wechseln Sie in das Register *Leistung*.
4. Wählen Sie im Feld *Netzwerkpufferung* die Option *Puffer ... Sekunden an Daten* und geben Sie in das Eingabefeld die gewünschte Pufferzeit an. Empfehlenswert sind Werte zwischen acht und zwölf Sekunden.
5. Schließen Sie das Dialogfenster mit *OK*.

Ab sofort verwendet der Media Player den Zwischenpuffer, um mögliche Störungen unhörbar zu kaschieren. Das hat allerdings zur Folge, dass das erste abgespielte Musikstück erst mit einigen Sekunden Verzögerung gestartet wird, da der Media Player zuerst den Puffer füllt.

Internetradio per WLAN

Ist das WLAN-Notebook einmal an die HiFi-Anlage angeschlossen, eignet es sich auch hervorragend zum Radioempfang via Internet. Im Gegensatz zum klassischen Radio bietet das Internetradio einen enormen Vorteil: Sie haben Zugriff auf mehrere Tausend Radiostationen weltweit. Hinzu kommen Hunderte Stationen, die ausschließlich für das Internet produzieren.

Zum Radioempfang im Internet gibt es verschiedene Möglichkeiten:

WDR Radio Livestreams:
Mo-So: 24 Stunden

- **Radio direkt vom Sender**
  Viele Radiosender stellen die aktuellen Sendungen kostenlos als Livestream im Internet zur Verfügung, zum Beispiel der WDR über die Webseite www.wdr.de/wdrlive oder das DeutschlandRadio über www.dradio.de/streaming.

- **Weltweit Radio hören mit Zusatzsoftware**
  Weitaus praktischer ist die Verwendung einer speziellen Radiosoftware. Die gibt es meist kostenlos, zum Beispiel den Phonostar Player (www.phonostar.de) oder onlineTV 3 (www.cdesign.de).

Die Radiosoftware bietet den Vorteil, dass Sie nicht mühsam die Webseite Ihrer Lieblingssender suchen müssen. Diese Arbeit erledigt die Software. Sie müssen nur noch aus dem mehrere Tausend Sender umfassenden Angebot die gewünschte Station per Mausklick auswählen.

Mit kostenloser Radiosoftware hören Sie Tausende Radiosender weltweit – auch per WLAN.

Wenn die Radiosendung ruckelt

Im Vergleich zur MP3- oder Videoübertragung kommt es im WLAN bei Radioübertragung seltener zu Rucklern und Aussetzern. Das liegt daran, dass Internetradio mit weit geringeren Datenraten auskommt. In der Regel „senden" Internetradios nur mit Geschwindigkeiten von 16 bis 32 Kilobyte pro Sekunde. Hinzu kommt, dass beim Internetradio eine Streamingtechnologie mit ausreichend großem Puffer zum Einsatz kommt, der kurze Aussetzer unhörbar überbrückt.

So geht's:

Gerade bei langsamer WLAN-Verbindung kann es dennoch zu störenden Abbrüchen während der Übertragung kommen. Dem können Sie entgegenwirken, indem Sie eine niedrigere Übertragungsrate wählen.

Viele Radiosender bieten die Möglichkeit, vor der Übertragung die Geschwindigkeit festzulegen. Wählen Sie hier die langsamste Geschwindigkeit, zum Beispiel *16 Kb/s*. Das verringert zwar die Qualität ein wenig, mindert aber auch die Gefahr von störenden Aussetzern.

Wenn Sie eine Radiosoftware wie den Phonostar Player (www. phonostar.de) einsetzen, gaukeln Sie der Software einfach eine langsame Internetverbindung vor. Beim Phonostar Player rufen Sie hierzu den Befehl *Optionen | Einstellungen* auf und wechseln in den Bereich *Internetanbindung*. Wählen Sie im Feld *Deine Internetanbindung* den Eintrag *Modem (28K/56K)*.

Videos im WLAN

Während Musik und Radio eher sparsam mit der Bandbreite im WLAN umgehen, sind Videos geradezu verschwenderisch. Das ist auch kein Wunder, schließlich müssen beim Film mindestens 25 Bilder pro Sekunde über den Bildschirm flimmern, um ein flüssiges Bild zu erhalten. Und das kostet Bandbreite.

Wenn Sie per WLAN Videos im Netzwerk übertragen, etwa vom PC auf das Notebook, kann es leicht zu Bild- und Tonaussetzern kommen. Insbesondere, wenn die Funkverbindung instabil ist und Funkwellen durch mehrere Wände hindurch müssen, steht nicht die volle WLAN-Leistung, sondern nur ein Bruchteil davon zur Verfügung.

Wichtig dabei ist das Dateiformat, in dem der Film vorliegt. Es gibt verschiedene Videoformate, die unterschiedlich „hungrig" sind und mal mehr, mal weniger Bandbreite beanspruchen. Besonders sparsam geht das DivX-Format mit der Datenmenge um. Ein durchschnittlicher DivX-Film bringt lediglich zwischen 150 und 500 Kilobit pro Sekunde „auf die Waage". Im Vergleich dazu können bei Filmen im Format MPEG2, das bei DVDs oder Super-CDs zum Einsatz kommt, gerne fünf bis sechs Megabit pro Sekunde erforderlich sein.

So geht's:

In welcher Qualität ein Film vorliegt und wie viel Netzwerklast er bei der Übertragung verursacht, lässt sich leicht herausfinden:

1. Öffnen Sie den Windows-Explorer (*Start | Alle Programme | Zubehör | Windows-Explorer*) und wechseln Sie in den Ordner, in dem sich die Videodatei befindet.
2. Markieren Sie die Videodatei und rufen Sie den Befehl *Datei | Eigenschaften* auf.
3. Wechseln Sie in das Register *Dateiinfo*.
4. Klicken Sie auf die Schaltfläche *Erweitert*.
5. Im Bereich *Video* erfahren Sie, mit wie vielen Bildern pro Sekunde (*Bildfrequenz*) und mit welcher Datenrate der Film abgespielt wird.

Als Faustregel gilt: Liegt die Datenrate unter 500 Kilobit pro Sekunde, sind auch bei einem langsamen WLAN-Netzwerk nach 802.11b-Standard keine Aussetzer zu erwarten – vorausgesetzt, die Funkverbindung zwischen Router und WLAN-Computer ist stabil.

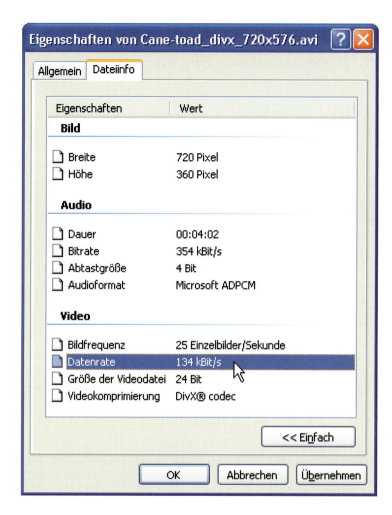

Das Dialogfenster *Eigenschaften* verrät, wie viel Bandbreite das Video im WLAN verbraucht.

Sollte es während der Wiedergabe doch zu Aussetzern kommen, gibt es zwei Möglichkeiten für einen ungestörten Videogenuss:

■ **Puffer im Mediaplayer erhöhen**

Erhöhen Sie den Netzwerkpuffer des Media Players. Weitere Informationen hierzu erhalten Sie im Abschnitt *Wenn es ruckelt* (→ Seite 112).

■ **Auf die lokale Festplatte kopieren**

Wenn die Übertragung über das Funknetz auch trotz Erhöhung des Netzwerkpuffers nicht reibungslos funktioniert, kopieren Sie die Videodatei einfach auf die lokale Festplatte des WLAN-Computers und starten die Wiedergabe von dort.

Streamingvideo ohne Ruckler

Liegen Videodateien auf der Festplatte vor, ist es leicht, sie per WLAN auf einen anderen Computer zu übertragen – etwa auf das Notebook im Wohnzimmer.

Schwieriger wird es, wenn es sich um Livestreams aus dem Internet handelt. Die meisten Internetfernsehsendungen oder -kurzfilme werden lediglich als Stream angeboten. Die Streamingtechnologie sorgt dafür, dass stets immer nur der Teil übertragen wird, der gerade gezeigt wird. Das ist zwar praktisch, hat aber einen entscheidenden Nachteil: Das Speichern des Datenstroms auf die Festplatte ist mit den gängigen Media Playern nicht möglich. Somit entfällt auch die Möglichkeit, das Streamingvideo zunächst zwischenzuspeichern und dann auf die lokale Festplatte des WLAN-Notebooks zu kopieren.

Sollte es beim Betrachten von Streamingvideos, zum Beispiel von Giga-TV (www.giga.de/features/live/), im WLAN zu Aussetzern kommen, hilft nur ein Trick. Mit spezieller Zusatzsoftware lassen sich die Streamingvideos als Videodatei auf der Festplatte speichern.

Zu diesen Zusatzsoftwarelösungen gehört beispielsweise der WM Recorder (49,95 US-Dollar, Infos und kostenlose Demoversion unter www.wmrecorder.com) von Applian Technologies. Damit lassen sich alle Livestreams in den Formaten Windows Media, Real Audio, Real Video und QuickTime als Videodatei speichern. Nach der Aufzeichnung können Sie die Videodatei dann bequem per WLAN auf die lokale Festplatte des WLAN-Computers kopieren und abspielen.

Mit Zusatzsoftware lassen sich auch Livestreams als Datei speichern, um sie dann über das WLAN kopieren zu können.

Kapitel 8

WLAN einrichten
und absichern
Erweiterte Netzwerkeinstellungen

Erweiterte Netzwerkeinstellungen

Um die Netzwerkeinstellungen brauchen Sie sich bei WLAN-Routern nicht zu kümmern. Einmal eingerichtet, sorgt der Router automatisch für die richtige Einbindung der PCs in das Netzwerk. Um Fachbegriffe wie IP-Adresse oder DHCP-Server brauchen Sie sich also zunächst nicht zu sorgen.

Bei näherer Betrachtung kann es aber doch interessant sein, sich mit den Möglichkeiten der Netzwerkkonfiguration zu befassen. Auf Wunsch können Sie die Einstellung selbst in die Hand nehmen und ganz genau festlegen, wie die angebundenen PCs im Netz angesprochen werden sollen. Das erhöht die Übersicht im Netzwerk und sorgt obendrein für noch mehr Sicherheit.

Automatische Netzwerkeinstellungen per DHCP

Die meisten Router machen es Anwendern so einfach wie möglich. Mit Hilfe der DHCP-Funktion sorgt der Router selbstständig für die Vergabe der internen Netzwerkadressen der einzelnen PCs.

Info

Das sind IP-Adressen

Damit PCs im Netzwerk eindeutig angesprochen werden können, braucht jeder PC im Netzwerk eine eigene IP-Adresse (Internet-Protocol-Adresse). Die IP-Adresse ist wie eine Telefonnummer für PCs, über die alle Netzwerk-PCs sich „unterhalten". Jede IP-Adresse besteht generell aus vier Zahlenblöcken, die durch einen Punkt getrennt sind, zum Beispiel 192.168.0.1. Jeder PC im Netzwerk – und übrigens auch jede Internetseite – hat eine solche IP-Adresse und ist darüber intern zu erreichen.

DHCP steht dabei für Dynamic Host Configuration Protokoll, frei übersetzt: Dynamisches Verfahren zur Konfiguration der Computer. Und das Verfahren ist tatsächlich so dynamisch, dass kein manuelles Eingreifen notwendig ist. DHCP arbeitet dabei nach einem simplen Prinzip: Jeder Computer im Netzwerk braucht eine eindeutige IP-Adresse. Der Router verfügt über eine gewisse Anzahl noch nicht belegter IP-Adressen, etwa 50 Adressen aus dem Bereich von 192.168.0.1 bis 192.168.0.50. Fachleute sprechen hier von einem Adressraum.

Sobald Sie einen PC einschalten, teilt dieser – sinnbildlich gesprochen – dem Router mit: „Ich habe noch keine IP-Adresse, ist noch eine frei?" Der Router schaut in seinem Pool der IP-Adressen nach und teilt dem PC eine der freien Adressen zu. Ab sofort ist der Computer über diese IP-Adresse im Netzwerk erreichbar. Der DHCP-Server im Router vermerkt diese Adresse dann als vergeben.

Ein DHCP-Server ist im übertragenen Sinne vergleichbar mit dem Kartengeber im Casino, der allen Spielern (PCs) aus dem Kartenstapel (Adressraum) eine Karte (IP-Adresse) zuteilt.

DHCP im Praxiseinsatz

Die Vergabe der IP-Adressen per DHCP läuft vollautomatisch im Hintergrund ab. Sofern DHCP bei Ihrem Router eingeschaltet ist, brauchen Sie sich um die Interna wie die IP-Adressen-Vergabe nicht zu kümmern.

So geht's:

Ob in Ihrem Router DHCP eingeschaltet ist und welche Einstellungen dabei zum Einsatz kommen, können Sie leicht überprüfen. Gehen Sie hierzu folgendermaßen vor:

1. Öffnen Sie den Internetbrowser und geben Sie die Adresse des WLAN-Routers ein, zum Beispiel 192.168.0.1. Unter welcher Adresse Ihr Router zu erreichen ist, erfahren Sie im Handbuch.

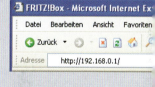

2. Wechseln Sie im Konfigurationsmenü in den Bereich für die Netzwerkeinstellungen. Bei AVM-Routern heißt das Menü *Einstellungen | System | Netzwerkeinstellungen | IP-Adresse*. Bei Routern der Firma Netgear gehen Sie in das Menü *General | DHCP*, bei Routern der Firma D-Link in den Bereich *Home | DHCP*.

Ansicht

☑ Expertenansicht aktivieren

Die Expertenansicht ermöglicht den Zugang zu Detail-Einstellungen, die für den normalen Betrieb nicht erforderlich sind. Die Einstellungen werden jeweils am passenden Menüpunkt zusätzlich angezeigt. Die Einstellungen setzen weitergehende Netzwerk-Kenntnisse voraus.

Sollte beim AVM-Router die Schaltfläche *IP-Adresse* fehlen, müssen Sie zunächst die Expertenansicht einschalten. Hierzu wechseln Sie in den Bereich *Einstellungen | System | Ansicht* und kreuzen das Kontrollkästchen *Expertenansicht aktivieren* an.

3. Sofern das Kontrollkästchen *DHCP-Server aktivieren* bzw. *Enable DHCP-Server* angekreuzt ist, kommt bei Ihrem Router die DHCP-Technik zur automatischen Verteilung der IP-Adressen zum Einsatz.

4. In den Feldern *von* und *bis* bzw. *Range Start* und *Range End* erkennen Sie, aus welchem Adressbereich der Router IP-Adressen vergibt, beispielsweise die 19 Adressen aus dem Bereich zwischen 192.168.0.2 und 192.168.0.20.

5. Bei einigen Routern können Sie zudem bestimmen, wie lange ein PC die zugeteilte IP-Adresse „geliehen" bekommen soll. Im Feld *Client Lease Time* tragen Sie die gewünschte Leihdauer ein. Es empfiehlt sich, eine möglichst lange Zeitspanne einzutragen, damit Ihre Netzwerk-PCs nicht ständig neue IP-Adressen erhalten.

6. Wenn Sie DHCP verwenden, können Sie in der Regel die voreingestellten Werte im Router unverändert lassen.

Sie können auch einen anderen Bereich auswählen. Der für den Heimgebrauch typische Bereich beginnt stets bei 192.168 – beim dritten und vierten Zahlenblock haben Sie dann die freie Wahl aus Zahlen zwischen 0 und 255. Typische Bereiche sind zum Beispiel:

- 192.168.0.0 bis 192.168.0.100
- 192.168.10.10 bis 192.168.10.200
- 192.168.50.0 bis 192.168.50.200

Der Bereich sollte dabei stets so groß sein, dass alle PCs eine eigene IP-Adresse erhalten können. Sind in Ihrem Netzwerk beispielsweise sieben PCs angeschlossen, sollte der Bereich mindestens zehn IP-Adressen umfassen.

7. Auch der Router selbst hat eine eigene IP-Adresse. Wenn Sie den DHCP-Adressbereich ändern, achten Sie unbedingt darauf, dass

In den erweiterten Netzwerkeinstellungen erkennen Sie, ob Ihr Router DHCP verwendet.

die IP-Adresse des Routers mit dem gewählten DHCP-Adressbereich übereinstimmt. Wichtig sind die ersten drei Ziffernblöcke.
Haben Sie sich beispielsweise für den DHCP-Bereich 192.168.2.10
bis 192.168.2.100 entschieden, muss die Adresse des Routers ebenfalls mit 192.168.2 beginnen. Beim vierten Ziffernblock haben Sie
die freie Wahl. Typischerweise hat der Router die Nummer 1, also
192.168.2.1.

Um die IP-Adresse des Routers zu ändern, tragen Sie die neue
Adresse in das Feld *IP-Adresse* bzw. *IP Address* ein. Im Feld *Subnet
Mask* oder *Subnetzmaske* sollte stets der Wert *255.255.255.0* stehen.

IP-Adresse	192.168.2.1
Subnetzmaske	255.255.255.0

8. Wenn Sie Änderungen an den DHCP-Einstellungen vorgenommen
   haben, klicken Sie auf *Speichern* oder *Übernehmen*, um die Änderungen sofort umzusetzen.

Achtung

Sofern Sie die IP-Adresse des Routers geändert haben, ändert sich auch die Webadresse für den
Zugang zum Konfigurationsmenü. Geben Sie ab sofort in das Adressfeld des Browsers die neue
IP-Adresse ein, um zum Konfigurationsmenü zu gelangen. Bei Änderungen am IP-Adressbereich
müssen Sie gegebenenfalls auch die Netzwerkcomputer neu starten, damit diese sich beim Router
eine neue IP-Adresse aus dem neuen Adressbereich abholen.

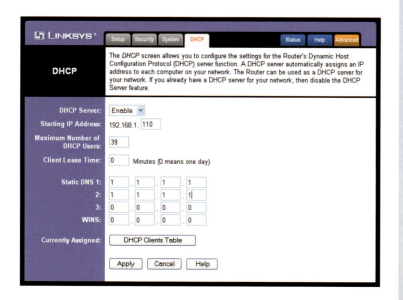

Bei einigen Routern
geben Sie lediglich die
Startadresse (*Starting
IP Address*) sowie die
gewünschte Anzahl der
verfügbaren Adressen
(*Maximum Number of
DHCP Users*) an.

Übrigens: Falls Sie keinen eigenen Zugang zum WLAN-Router haben,
da Sie eventuell das Kennwort nicht parat haben, können Sie auch
direkt am PC herausfinden, ob Ihr Netzwerk DHCP verwendet oder
nicht.

Um mit Hilfe der Eingabeaufforderung herauszufinden, ob Ihr PC DHCP verwendet oder nicht, gehen Sie folgendermaßen vor:

1. Klicken Sie auf *Start* und rufen Sie den Befehl *Alle Programme | Zubehör | Eingabeaufforderung* auf.
2. Geben Sie in der Eingabeaufforderung folgenden Befehl ein:

ipconfig /all

3. Windows blendet daraufhin zahlreiche Informationen zur Netzwerkkarte ein. In der Zeile *DHCP aktiviert* erkennen Sie, ob Ihr PC mit DHCP arbeitet.

Steht in der Zeile *DHCP aktiviert* der Wert *Ja*, erhält Ihr PC seine IP-Adresse per DHCP vom Router.

Manuelle Netzwerkkonfiguration

DHCP ist eine praktische Arbeitserleichterung. Sie als Anwender brauchen sich damit nicht um die Vergabe der Netzwerkadressen zu kümmern, sondern überlassen die Aufgabe einfach dem Router.

Mitunter kann es aber sinnvoll sein, selbst aktiv zu werden und eigenhändig für die Vergabe der IP-Adressen zu sorgen. Statische IP-Adressen erhöhen zum einen die Sicherheit im WLAN, zum anderen haben Sie damit die volle Kontrolle darüber, welcher Computer unter welcher Adresse erreichbar ist. In einem kleinen Netzwerk mit drei oder vier Computern ist der Aufwand zudem überschaubar.

Statische IP-Adressen können Hackern das Eindringen in das WLAN-Netz erschweren. Bei einem DHCP-Netzwerk bekommt der Eindringling die richtige IP-Adresse vom WLAN-Router praktisch auf dem silbernen Tablett serviert. Ist DHCP hingegen ausgeschaltet und erhält jeder PC manuell eine statische IP-Adresse, müssen Eindringlinge zunächst eine gültige IP-Adresse herausfinden und ihren eigenen PC entsprechend konfigurieren. Das verhindert zwar nicht komplett die Möglichkeit, mit einer gültigen IP-Adresse in das Netz einzudringen, macht einen potenziellen Angriff aber zumindest komplizierter.

Das Deaktivieren von DHCP und die manuelle Vergabe von IP-Adressen erfolgt in zwei Schritten, die auf den folgenden Seiten ausführlich erläutert werden:

- Ausschalten des DHCP-Servers im Router
- Manuelle Vergabe der IP-Adressen bei jedem Netzwerk-PC

DHCP-Server im Router ausschalten

Im ersten Schritt gilt es, im Router den DHCP-Server und damit die automatische Vergabe von IP-Adresse zu deaktivieren. Hierzu verändern Sie die Netzwerkeinstellungen im Konfigurationsmenü des Routers.

So geht's:

1. Zunächst starten Sie den Internetbrowser und geben anschließend die Adresse des WLAN-Routers ein, zum Beispiel 192.168.0.1. Unter welcher Adresse Ihr Router zu erreichen ist, erfahren Sie im Handbuch.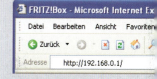
2. Im Konfigurationsmenü des Routers wechseln Sie in den Bereich für die Netzwerkeinstellungen. Bei AVM-Routern heißt das Menü *Einstellungen | System | Netzwerkeinstellungen | IP-Adresse.* Bei Routern der Firma Netgear gehen Sie in das Menü *General | DHCP,* bei Routern der Firma D-Link in den Bereich *Home | DHCP.*

Info

Netzwerkeinstellungen bei AVM-Routern

Bei einigen AVM-Routern müssen Sie zuerst in die Expertenansicht wechseln, um die Schaltfläche *IP-Adresse* einzublenden. Hierzu wechseln Sie in den Bereich *Einstellungen | System | Ansicht* und kreuzen das Kontrollkästchen *Expertenansicht aktivieren* an.

Ansicht

☑ Expertenansicht aktivieren

Die Expertenansicht ermöglicht den Zugang zu Detail-Einstellungen, die für den normalen Betrieb nicht erforderlich sind. Die Einstellungen werden jeweils am passenden Menüpunkt zusätzlich angezeigt. Die Einstellungen setzen weitergehende Netzwerk-Kenntnisse voraus.

DHCP-Server aktivieren
DHCP-Server vergibt IP-Adressen
von   192.168.2.20
bis   192.168.2.200

IP-Adresse   192.168.2.1
Subnetzmaske 255.255.255.0

3. Schalten Sie das Kontrollkästchen *DHCP-Server aktivieren* aus. Bei einigen Routern kann die Option auch *Disable DHCP* Server oder *DHCP Disable* lauten.
Die automatische Vergabe der IP-Adressen ist damit ausgeschaltet. Jeder Computer muss sich ab sofort selbst um die richtige Adresse kümmern. Wie das geht, erfahren Sie im Abschnitt *IP-Adresse der PCs festlegen* (→ Seite 127).

4. Nicht nur die PCs im Netzwerk, auch der Router selbst braucht eine eigene IP-Adresse. Geben Sie die gewünschte Adresse in das Feld *IP-Adresse* ein und tragen Sie in das Feld *Subnetzmaske* den Wert *255.255.255.0* ein.
Typischerweise wählen Sie für den Router eine IP-Adresse, die mit 192.168 beginnt. Beim dritten und vierten Ziffernblock haben Sie die freie Wahl aus Zahlen zwischen 0 und 255. In den meisten Netzwerken haben die Router eine der folgenden Adressen:

- 192.168.0.1
- 192.168.1.1
- 192.168.10.1

Welche Adresse Sie verwenden, können Sie selbst bestimmen. Falls Sie sich nicht sicher sind, wählen Sie einfach 192.168.0.1.
Ganz wichtig: Merken Sie sich die Adresse des Routers – sie ist praktisch die „Masteradresse", aus der sich später die IP-Adressen der angeschlossenen PCs ableiten. Dabei gilt: Bei allen IP-Adressen der PCs entsprechen die ersten drei Ziffernblöcke exakt der Router-adresse. Hat der Router beispielsweise die Adresse 192.168.0.1, können Sie später bei den PCs aus den Adressen zwischen 192.168.0.**2** und 192.168.0.**255** wählen.

5. Sobald Sie die gewünschten Einstellungen vorgenommen haben, klicken Sie auf *Speichern* bzw. *Save* oder *Close*, um die Änderungen zu aktivieren.

Ab sofort ist die automatische Vergabe der IP-Adressen per DHCP ausgeschaltet. Davon sind auch direkt alle angeschlossenen PCs betroffen. Im nächsten Schritt müssen Sie bei jedem Netzwerk-PC manuell die IP-Adresse eintragen.

Im Dialogfenster für die Netzwerkeinstellungen schalten Sie den DHCP-Server des Routers aus. Ab sofort müssen sich die PCs selbst um die richtige IP-Adresse kümmern.

IP-Adressen der PCs festlegen

Nachdem Sie den DHCP-Server im Router ausgeschaltet haben, sind die angeschlossenen PCs zunächst orientierungslos. Es gibt keine Instanz mehr, die sie mit korrekten IP-Adressen füttert. Daher müssen Sie im nächsten Schritt bei jedem PC von Hand eine gültige IP-Adresse eintragen.

So geht's:

Um dem PC manuell eine korrekte IP-Adresse zuzuweisen, sind folgende Schritte notwendig:

1. Rufen Sie den Befehl *Start | Systemsteuerung* auf. Klicken Sie auf *Netzwerk- und Internetverbindungen* und anschließend auf *Netzwerkverbindungen*.

2. Markieren Sie Ihre Netzwerkverbindung und rufen Sie den Befehl *Datei | Eigenschaften* auf. Üblicherweise sind Kabel-Netzwerkverbindungen mit *LAN-Verbindung* gekennzeichnet. WLAN-Verbindungen bezeichnet Windows als *Drahtlose Netzwerkverbindung*.

3. Markieren Sie im Feld *Diese Verbindung verwendet folgende Elemente* den Eintrag *Internetprotokoll (TCP/IP)* und klicken Sie auf die Schaltfläche *Eigenschaften*.

4. Im folgenden Dialogfenster ist zunächst die Option *IP-Adresse automatisch beziehen* aktiv. Die automatische Zuteilung per DHCP wurde jedoch im Router deaktiviert. Wählen Sie daher jetzt die Option *Folgende IP-Adresse verwenden*.

5. Anschließend tragen Sie in die Eingabefelder die manuellen Netzwerkdaten ein. Geben Sie in das Feld *IP-Adresse* die gewünschte IP-Adresse des Computers ein. Welche IP-Adressen Sie verwenden können, hängt von der zuvor gewählten IP-Adresse des Routers ab. Dabei gilt: Die ersten drei Ziffernblöcke müssen genau so aussehen wie die IP-Adresse des Routers. Beim vierten Ziffernblock haben Sie dann die Wahl aus Ziffern zwischen 0 und 254. Die folgende Tabelle zeigt einige Beispiele:

Wenn der Router über diese Adresse verfügt, ...	... können Sie für den PC eine der folgenden Adressen verwenden
192.168.0.1	192.168.0.**2** 192.168.0.**3** 192.168.0.**4** ... 192.168.0.**255**
192.168.2.1	192.168.2.**2** 192.168.2.**3** 192.168.2.**4** ... 192.168.2.**255**
192.168.10.10	192.168.10.**11** 192.168.10.**12** 192.168.10.**11** ... 192.168.10.**255**
192.168.200.1	192.168.200.**2** 192.168.200.**3** 192.168.200.**4** ... 192.168.200.**255**

Wichtig ist dabei, dass beim vierten Zahlenblock alle Adressen bis 255 möglich sind, mit zwei Ausnahmen: Nicht erlaubt sind die Adresse, die der Router bereits besitzt, sowie Adressen, die Sie bereits anderen PCs im Netzwerk zugewiesen haben. Grundsätzlich darf jede IP-Adresse im Netzwerk nur einmal vorkommen.

6. Tragen Sie in das Feld *Subnetzmaske* die folgende Adresse ein:

255.255.255.0

7. In das Feld *Standardgateway* geben Sie die IP-Adresse des WLAN-Routers ein. Haben Sie Ihrem Router beispielsweise die IP-Adresse 192.168.0.1 gegeben, tragen Sie hier ebenfalls diese Adresse ein.

8. Tragen Sie in das Feld *Bevorzugter DNS-Server* ebenfalls die IP-Adresse des WLAN-Routers ein, zum Beispiel *192.168.0.1*.
   Der DNS-Server (Domain Name System) sorgt im Internet dafür, dass Webadressen wie www.stiftung-warentest.de in die entsprechende interne IP-Adresse des Webservers übersetzt werden. Diese Aufgabe übernimmt der WLAN-Router für Sie, wenn Sie als DNS-Adresse die IP-Adresse des Routers eintragen.

9. Die restlichen Einstellungen des Dialogfensters können Sie unverändert lassen. Schließen Sie das Fenster mit *OK*.

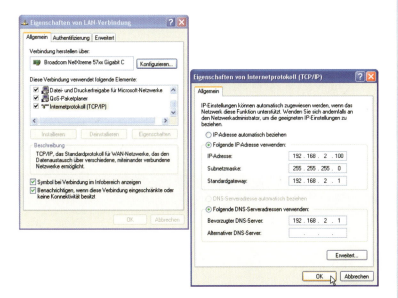

Im Fenster *Eigenschaften* der Netzwerkkarte tragen Sie für jeden PC im Netzwerk eine eigene IP-Adresse ein.

Windows unterbricht daraufhin kurz die Netzwerkverbindung und aktiviert die neuen Einstellungen. Sofern alles korrekt eingegeben wurde, können Sie jetzt auch wieder das Konfigurationsmenü des Routers erreichen oder im Internet surfen.

Wichtig: Wiederholen Sie den Vorgang bei jedem PC, der per Kabel oder WLAN mit dem Netzwerk verbunden ist. Jeder PC muss dabei eine andere IP-Adresse aus demselben Adressraum erhalten.

PCs im WLAN finden

Die Netzwerkumgebung von Windows findet nicht immer zuverlässig alle Computer im eigenen Netzwerk. Mal fehlen einige Computer, mal ist die Liste der Netzwerk-PCs komplett leer. Zudem dauert es oft sehr lange, bis Windows die Suche in der Netzwerkumgebung abgeschlossen hat. Das erschwert mitunter den direkten Zugriff auf PCs und freigegebene Ordner und Drucker im Netzwerk.

So geht's:

Mit festen IP-Adressen ist der direkte Zugriff auf PCs im Netzwerk einfach. Das funktioniert sogar ganz ohne Netzwerkumgebung:

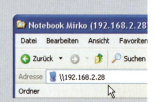

1. Um direkt auf einen Netzwerkcomputer zuzugreifen, geben Sie im Explorer einfach die IP-Adresse des PCs an. Starten Sie zunächst den Windows-Explorer mit dem Befehl *Start | Alle Programme | Zubehör | Windows-Explorer*.
2. Geben Sie anschließend in das Feld *Adresse* zwei Backslashes (\\), gefolgt von der IP-Adresse des Netzwerk-PCs ein, zum Beispiel

   \\192.168.2.28

   Sie finden den Backslash auf der ⟨ß⟩-Taste, geben Sie ihn mit der Tastenkombination ⟨AltGr⟩⟨ß⟩ ein.
3. Im Explorer erscheinen daraufhin alle freigegebenen Ordner und Drucker des Netzwerkcomputers.

Mit Hilfe der IP-Adresse greifen Sie blitzschnell auf den gewünschten Computer im Netzwerk zu.

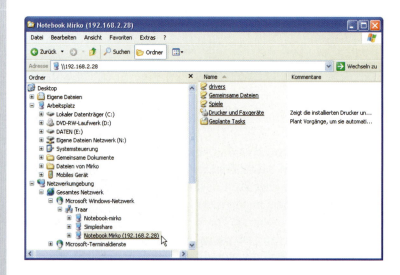

Die eigene IP-Adresse herausfinden

Für den direkten Zugriff auf den PC im Netzwerk eignet sich am besten die exakte IP-Adresse. Leider hat man diese nicht immer parat. Hier hilft ein Trick, um die Adresse möglichst rasch in Erfahrung zu bringen.

So geht's:

Um möglichst schnell und unkompliziert die eigene IP-Adresse herauszufinden, gehen Sie folgendermaßen vor:

1. Klicken Sie auf *Start* und rufen Sie den Befehl *Ausführen* auf.

2. In das folgende Dialogfenster geben Sie den Befehl *cmd* ein und bestätigen mit *OK*.
3. Geben Sie in der Eingabeaufforderung den Befehl

   ipconfig

   ein und bestätigen Sie ihn mit der ⌈Return⌉-Taste.
4. Windows blendet anschließend alle Informationen über die Netzwerkkarte ein. In der Zeile *IP-Adresse* finden Sie die genaue Adresse des PCs.

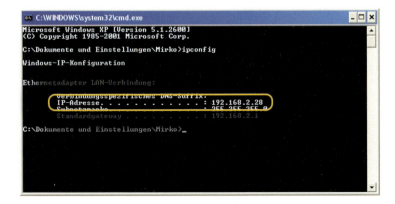

Der Befehl *ipconfig* verrät schnell und unkompliziert die eigene IP-Adresse.

Index

Impressum

Herausgeber und Verlag
STIFTUNG WARENTEST
Lützowplatz 11–13
10785 Berlin

Tel. (030) 26 31-0
Fax (030) 26 31-25 25
www.stiftung-warentest.de

Vorstand
Dr. jur. Werner Brinkmann

Weitere Mitglieder der Geschäftsleitung
Hubertus Primus
(Publikationen)
Dr.-Ing. Peter Sieber
(Untersuchungen)

Autoren
Jörg Schieb
Mirko Müller

Lektorat
Uwe Meilahn (Leitung)
Horst-Dieter Radke
(SmartBooks)

Korrektorat
Stefanie Barthold

Layout
Harald Müller, Würzburg

Titel
Harald Müller, Würzburg

Umschlagfoto
fancy

Bildnachweis
AVM Computersysteme Vertriebs GmbH
(S. 11, 14, 31, 69), Belkin GmbH (S. 12),
D-Link Deutschland GmbH (S. 99),
devolo AG (S. 106), Kodak GmbH (S. 9),
Mirko Müller (S. 109, alle Screenshots),
Harald Müller (Illustrationen S. 14, 15, 36,
37, 38, 106), Siemens Aktiengesellschaft
(S. 104), TerraTec Electronic GmbH (S. 9)

Produktion
Harald Müller, Würzburg

Verlagsherstellung
Rita Brosius
Kerstin Uhlig

Druck
Stürtz GmbH, Würzburg

Einzelbestellung in Deutschland
STIFTUNG WARENTEST
Vertrieb
Postfach 81 06 60
70523 Stuttgart

Tel. (0 18 05) 00 24 67
(12 Cent pro Minute aus dem Festnetz)

Fax (0 18 05) 00 24 68
(12 Cent pro Minute aus dem Festnetz)

www.stiftung-warentest.de

Redaktionsschluss
Oktober 2006